懂激励 不会带团队，你就只能干到死！

MBA商学院备受欢迎的团队激励课程！

赵伟 著

民主与建设出版社 博集天卷 CS-BOOKY

图书在版编目（CIP）数据

懂激励 / 赵伟著. —北京：民主与建设出版社，2015.8
ISBN 978-7-5139-0728-6
Ⅰ.①懂… Ⅱ.①赵… Ⅲ.①企业领导学 Ⅳ.①F272.91

中国版本图书馆CIP数据核字（2015）第190725号

懂激励

出 版 人	许久文
责任编辑	王 颂
监　　制	于向勇
策划编辑	马占国
文案编辑	雷 腾
营销编辑	刘 健
封面设计	主语设计
出版发行	民主与建设出版社有限责任公司
电　　话	（010）59419778　59417747
社　　址	北京市朝阳区阜通东大街融科望京中心B座601室
邮　　编	100102
印　　刷	北京天宇万达印刷有限公司
开　　本	787mm × 1092mm　1/16
印　　张	16
字　　数	220千字
版　　次	2015年9月第1版　2015年9月第1次印刷
书　　号	ISBN 978-7-5139-0728-6
定　　价	38.00元

注：如有印、装质量问题，请与出版社联系。

导语
激励才是第一生产力

★MBA商学院最受欢迎的团队激励课程！中国最畅销的团队管理书专家赵伟为您倾力打造的冠军团队激励全方案！继《不会带团队，你就只能干到死》前两季连续成为最受欢迎的团队管理图书后，应百万读者的强烈要求和热切期盼，赵伟强势推出《不会带团队，你就只能干到死》系列第三季：激励篇！

★本书将为您讲透通用电气、丰田、苹果、微软等全球500强企业都在运用的“聚人心”激励法则，及其在中国企业的落地运用。读完本书，您将了解“激励”在管理上的各种运用，如何通过制度、福利、语言、行动、活动、形式达到激励的目的，让您的团队更有凝聚力、更高效！

★美国著名心理学家威廉·詹姆斯教授曾经专门发表过一项有关激励的研究报告，该报告指出：一个人正常工作只能发挥20%—30%的能力，但如果能受到充分的激励，就可以将能力发挥到平时的两到三倍多！

★本书是赵伟的最新作品，一如既往地接地气，适合当下的中国企业，是当今图书市场上最全面、最具体的团队激励类图书，旨在为管理者揭示激励这一重要管理手段的真正秘密，让管理者学会并掌握激励员工的具体技巧，进而让每一位员工都发挥出最大的能力。

★抓团建，聚人心！无激励，不团队！激励才是第一生产力！

★企业是由人构成的，人不是机器，而是活的、有血有肉的。因此，从某种程度上来说，管理其实就是管人。激励是企业管理的重要课题。

★激励是在人心上做文章，而人心是这个世界上最难捉摸的东西。事实上，激励并不是做了就会产生效果，如果误触禁区的话甚至会起到反作用，不仅无法激励士气，还会伤害到员工的积极性，得不偿失。

★激励的终极目标，是引导员工进行自我激励。这也是一切管理法则的最高境界。作为管理者，最理想的状态是自己可以置身事外，实现真正的“无为而治”。当然，这绝非一蹴而就的事情。所以，要想达成激励的终极目标，管理者需要从一切日常工作中找到激励点，让员工在潜移默化中积极进取，最终实现自我激励。

★在企业管理中，目标激励占据非常重要的地位。无论是个人还是团队，都需要目标激励，正如有一句话所说：“没有目标作为信念的人是经不起风浪的，而由许多人所组成的企业更是如此。仅以谋生为目的而组成的团队与企业都是没有前途的。”

★在企业管理中，领导者需要做的是引导员工承担工作，而非事必躬亲、身体力行，一手包揽所有事务。因此，授权激励可谓是现代企业管理过程中最实用最有效的激励方式之一。

★情感激励是世界上投入最少但回报最高的激励手段。作为企业的领导者，你必须征服你的员工，让他们心甘情愿地听从你的调遣，为你工作，为你打拼。而要推动他们，情感激励是最划算的投资。

目录

C O N T E N T S

前言
如何成为一名擅长激励的卓越管理者

“管理者”，顾名思义，就是管理企业的人。具体的管理对象，不是那些数据表格，不是工厂的商品、传送带，而是员工。一个员工展现出怎样的精神面貌，除了与个人因素相关之外，与管理者的管理方式也是分不开的。

如何让员工展现出更好的精神面貌？总体来说，是要激励。

失败的管理者身上存在的问题多种多样，但一个成功的管理者绝对是激励员工的专家。美国著名心理学家威廉·詹姆斯教授曾经专门发表过一项有关激励的研究报告，该报告指出：一个人正常工作只能发挥20%—30%的能力，但如果能受到充分的激励，就可以将能力发挥到平时的两到三倍多。

在企业中，激励员工的任务自然要由管理者来承担。不少管理者可能会忽视激励的作用，但如果遇到员工工作积极性不高、经常跳槽、人才流失严重、整个公司的气氛像一潭死水的情况，管理者就该好好反思反思了：不懂激励员工，真的行吗？

什么是激励？很容易解释，也很难解释。简单来说，激励就是运用各种方法调动员工，让员工在工作中表现出更大的主动性、积极性和创造性。激励的方法有多种：夸奖、奖励，以及批评甚至处罚。事实上，激励的方式是因人、因时、因事而异的，高明的管理者会根据将要激励的对象特点、时间和状况等因素来选择不同的激励方式。

本书旨在为企业管理者揭示激励这一重要管理手段的真正秘密，让管理者学会并掌握激励员工的具体技巧，进而让每一位员工发挥出最大的能力。本书内容包括激励员工所要达到的目的和多种激励手段，以及对不同的员工应该采取怎样的激励手段等管理者最重视的核心问题，同时利用大量生动的案例来论证观点，以便让读者在具体的应用上得以借鉴。相信读者在仔细阅读本书的过程中，会对管理者与员工之间的关系产生更深的理解和认识，也可以将这些激励员工的技巧熟练地运用到工作和生活中去。

坚持运用激励手段管理员工，对于提高管理者个人的管理能力和水平、激发员工的工作积极性和活力都大有裨益，进而可以让整个企业的业绩更上一层楼。因此，无论于公于私，本书都可以成为企业中高层管理者们和企业管理培训机构的绝佳选择。

第一章
你的公司需要激励哪种人

企业是由人构成的，人不是机器，而是活的、有血有肉的。因此，从某种程度上来说，管理其实就是管人。激励是企业管理的重要课题，那么，什么样的人是我们激励的目标呢？要回答这个问题，我们不妨先来了解一下你的公司需要激励哪种人。

◎ 激励彻底解决问题的人

人活一辈子，就是解决问题的，而不是提出问题的。问题总是存在的，即使你不去找问题，问题也会来找你。当一个人面对问题时只有两个选择：要么自己去当猎手，去“消灭”这个问题；要么自己成为“猎物”，被这个问题“解决”。在工作与生活中，提出问题很简单，但更多人喜欢的是能解决问题的人。毕竟人不能在问号下生活，总要有句号，而且句号要画得完美。

当一个人在工作中遇到问题和困难时，首先应该想到的是什么？答案是解决问题、克服困难。这就好比一个人摔倒了，最应该做的是从摔倒的地方爬起来，而不是坐地大哭。

在这个瞬息万变的时代，如果能主动去寻找解决问题的方法，而不是回避责任，在我看来，这对于员工在职场中的自我发展和获得成功来说，具有决定性的意义和作用。如何找到有效的方法，并把问题变为机会？想干好工作，就要找到那些善于解决问题的人。

曾经看过这样一个故事：

一位农夫的果园里种了很多葡萄，到了秋天，葡萄挂满枝头，让人一看就流口水，狐狸看到了也垂涎三尺。一天，狐狸偷偷来到葡萄架下，想饱餐一顿，但由于它没有葡萄藤架子高，无论怎么够也够不着葡萄，葡萄明明就在眼前就是吃不到，这让它很恼火。但它并不甘心就此放弃，而是开始想办法。正当它左思右想、左看右看时，突然眼前一亮——葡萄架旁有一把梯子，狐狸看到梯子顿时喜出望外，因为它回想起自己以前经过果园时看到农夫曾经用过它爬上葡萄藤架，于是立即效仿农夫，用梯子爬了上去，顺利地摘到了葡萄，吃了个够。

这个故事虽然很小儿科，但传达了一个实实在在的真理：要想得到一件东西，就得想办法；没办法，也要想办法。在生活中，很多人一遇到问题，就想法设法找各种理由来逃避责任，久而久之，让他们解决问题比登天还难。

能努力解决问题的人极为可贵，不管是在工作中，还是在生活中。

身为领导，我也喜欢解决问题的人。我常说："企业好比家庭，老板是丈夫，员工是妻子，丈夫希望妻子老老实实、本本分分地待在家里做好分内之事，自己负责养家就可以了。"这是企业在创业期间员工与老板之间的和谐关系，但这种关系到后来会产生变化，当员工遇到难题找老板时，老板心里很窝火：为什么什么都找我？什么都找我要说法？你自己没主意吗？你就不能自己解决问题吗？恨不得把这人开除了。可反过来想想，是谁造成员工这样子的呢？或许就是自己，是自己把他惯坏了。惯坏一个员工是小事，惯坏整个公司的员工就是大事了。

无论是创新的点子还是巧妙的构想，都要落到实处才能生效。善于解决问题的人，才是推动企业发展的主力军，他们发挥的作用不可小觑。

曾经看过一个这样的故事，受益匪浅：

一家杂志社在招聘两名助理编辑的过程中，组织了一场很有趣的探宝游戏。在这场游戏中，有14名优秀应聘者进入了总决赛，其中不乏重点院校的高才生。游戏规则规定：每个人都要找一系列的东西，同时努力调动自己各方面的积极性，努力去做那个真正帮助公司解决问题的人。游戏的开场白是这么鼓励应聘者的：有学历、有知识，不代表能解决问题；拥有解决问题的能力，往往比拥有知识更能引起上司重视；不会解决问题就走人，这是商业的法则。

一个人要想在职场中取得成功，就要善于解决问题。不管是在哪家企业，包括我自己在内，谁能帮我解决问题，谁才能获得我的高度关注。那些获得我的青睐的人，都是主动想办法解决问题的人。

很多人遇到问题时都会措手不及，但谁能最快想出方案，解决问题，谁就能脱颖而出。

作为一名企业管理者，需要慧眼识才。但如何用人，如何激励员工的积极性，如何妥善管理员工，则需要高超的智慧，并且要会说话。

说话需要讲究技巧，说得好，是对员工的激励；说得不好，就是对员工的打击。激励的话怎么说很重要，总结起来，下面几句话是最经典的：

1.“你的问题很好，能解决更好！”

很多问题提出来容易，解决起来难。员工积极地参与到企业的工作中，作为领导，要给予他们支持，但除了给予支持以外，最重要的是要把工作有效地分配下去，让员工各司其职把事情做好。作为领导，事必躬亲没有必要，有人解决问题就好。我欣赏员工提出问题，但更欣赏他们在提出问题后给予我解决问题的方案，为了强化他们主动寻找解决问题方案的意识，我认为对他们进行激励必不可少，所以我经常对他们说的一句话是：“你的问题很好，能解决更好！”

2.“你以后要多提醒我！”

其实很多事情未必都需要别人提醒，但我经常会对身边的员工说：“你以后要多提醒我！”因为我很希望员工能感觉到自己与领导之间的亲近感，这份亲近感很重要。员工得到领导的信任，工作就会越来越认真，越来越努力。一句让员工提醒自己的话，能让员工备感亲近，更加兢兢业业，领导何乐而不为？

3.“嗯，真了不起！”

一句真诚的赞美能让别人自信。很多时候当新人将策划方案送到我这里时，我首先感受到的是一颗忐忑的心。新手上路，不可能一上来就信心十足，所以我往往会给予他们一句鼓励：“嗯，真了不起！”用心去欣赏他们，激励他们，最大限度地激发他们的工作积极性。说一句“了不起”，你不会少什么，但会得到很多。

工作好比恋爱，你只有欣赏对方，鼓励对方，对方才会越来越积极地跟你亲近，而这种鼓励，往往可以达到让彼此身心都愉悦的效果。

一句话总结：管理就是激励更多人快乐地帮你解决问题。

◎ 激励敢于冒险的人

戴尔·卡耐基曾说：“抓住机会！人的一生充满了机会。走得最远的往往是那些敢作敢为的人，四平八稳的船绝不会离开港湾太远。”这说的是一种冒险精神。

敢于冒险的人往往更有可能获得成功，创造奇迹，因为别人不敢做的事情他们敢做，他们就会掌握先机，先发制人。要想提高冒险成功的可能性，既需要高智商，也需要高效率的团队，但高效率的团队在哪里？即使没有，也可以激励出来。

冒险精神是成就企业的关键要素，是勇敢者的胜利之源。我经常这么说："为了那些富有冒险精神的人，干杯！"

任何一个敢于冒险、敢于跟自己的命运叫板的员工，我都会尊重他，鼓励他，给予他最热情的支持和最大的鼓励。

作为一个企业家，要想获得更大的收益，首先要在守住现有效益的同时，拥有新颖的创新理念，这些新颖的理念能不能获得广泛的认可，要看企业家有没有敢于冒险的魄力和精神。

在整体企业的创新运作中，创新冒险的员工体系永远是我们不可缺少的新鲜元素。既然是新鲜元素，本身就存在风险，所以不要害怕犯错。这个世界上任何人都犯过错误，不经历几次挫折获得经验教训，就难以取得大的成就，获得大的成功。成功都是走出来的，走的时间长了，曙光自然就出现了，而且无比绚烂。聪明人知道这种冒险是企业成功必须付出的代价，并勇于承担这种代价带来的后果。

本身勇于冒险的人不用激励，但不敢轻易冒险的人是需要激励的。看过这样一个故事，跟大家分享一下：

洪力任英特尔驻中国公司OEM（原始设备制造商）总监，早在1999年，他就被上级任命为英特尔亚太区总裁技术助理，在那里工作了一年半时间。

当时的英特尔亚太区总裁约翰·布雷斯林非常重视创新，多次鼓励员工，但这并未引起洪力的高度重视，所以洪力一直按部就班地工作，每天早上七点半进办公室，一直忙到深夜才回家，从没有想过如何创新这个问题。他一直兢兢业业地工作，本以为可以得到领导的认可，但没想到，约翰·布雷斯林这样评价他：“我觉得你的工作量还是不够。”

洪力听了大为震惊，说：“我每天早出晚归，工作从不懈怠，怎么说我工作量不够呢？”约翰·布雷斯林摇了摇头，对洪力说：“没错，你在工作上确实花了很多时间，也非常辛苦，但在这一年里，我没见你犯过什么错误，这对于我来说是难以接受的。原因在于，你没有创新意识，你做的都是你熟悉的，但工作本身需要一种冒险精神。工作没有那么舒服，花时间在小的方面即使做得再完美，也会让你失去其他的机会，不能去把握创新的机会。”

约翰·布雷斯林的话犹如当头棒喝，让他猛然醒悟：约翰·布雷斯林最希望自己的员工能永远保持敢于冒险、敢于创新、敢于尝试的精神，而并非仅仅满足于重复自己擅长、熟悉的东西。在这个科技发达的社会，机遇往往稍纵即逝，而机遇往往更青睐的人是那些有准备的人。一个没有创新的企业，必将失去业界领跑者的地位，所以必须鼓励员工积极创新、不怕失败，因为成功的基石就是反反复复的实验和失败。

在英特尔这个网络帝国中，树立良好的价值观最重要的就是创新。因此，不管是以什么为前提，最重要的一点就是敢于冒险。失败在所难免，失败之后正是总结经验教训的大好机会。因此，这种敢于冒险的精神已经渗透了这家企业的方方面面，让所有工作人员精神焕发，由此可见这种企业文化已经在他们心中成了不可或缺的一部分。当然，冒险并非指的是匹夫之勇、盲目冒险，在冒险之前要充分评估冒险的系数有多大，接受挑战前要做足功课，准备比一般方案更加全面、灵活的方案，以及应对突发事件的替代方案、应急预案，这样才能在应对困难方面有一定的信心，在应对失败的过程中也能保持一定的控制力，不至于惊慌失措，这可以称为“预期的风险”“可衡量的冒险”。

俗话说：“先探门后走路。”考虑周全后再进行冒险尝试，往往能收获超出你想象的东西，而这种收获往往来自冒险之前所做的准备。

曾经看过这样一个寓言故事，故事里说：

很久以前，有两个和尚，一穷一富，都想去南海去取经，但考虑到路途遥远，两人迟迟没有出发。一天，穷和尚终于决定要启程了，特地向富和尚辞行。

富和尚鼻孔里直冒冷气，说，有没有搞错？你这样一贫如洗的，还能去南海？我就问你一句，你怎么去？

穷和尚笑了笑，说，我能怎么去？只能靠一个瓶子、一个钵。

富和尚听了哈哈大笑，说，你知道吗？我几年前就准备去南海了，但一想到路上困难重重，必须考虑周全才能行动，我就没出发了，我打算买一条大船，等一切准备充足以后才出发。而你居然想靠一个瓶子、一个钵就去南海？我看你还是算了吧，别做白日梦了！

穷和尚听了也不跟富和尚再争下去了，第二天就动身前往南海了。

一年后，穷和尚从南海朝圣归来，取回真经，富和尚还在准备买大船。

看完这个故事，不难明白：穷和尚打定主意，下定决心，不畏艰险，就可以勇往直前，把看似不可能做成的事情做成，这是一种极为宝贵的冒险精神，如果没有这种精神，他也会像富和尚一样始终难以迈出第一步。由此我们可以验证一个真理：“没有什么不可能，处处都有可能的机遇。”稳中求进是件好事，但顾虑重重反而会导致裹足不前，办事能力受到严重限制，难成大事。如此一来，不要说成就，就连一件最简单的事情都很难办到。即使事前经过详细调查，也仍然无法做到彻底杜绝风险，圆满完成任务。就好比工作中，不可能做到让所有人都满意。在做一件事情时，我们要勇敢地先迈出脚，再面对困难，只要能做到这一点，人生一定充满可能。

我喜欢在自己的团队里听见这样的声音：“什么困难？放马过来吧！”冒险需要勇气，年轻就是冒险的资本，因为年轻，即使失败也无所谓，仍然有很多机会可以重来。真正敢于冒险的人，都坚信这个世界上一切皆有可能。

凭借灵感、直觉去冒险，拥有的仅仅是成功的可能；而凭借充分的准备去冒险，就会比前者从容很多。总而言之，相信自己，一切皆有可能，这就是我对冒险的定义。

其实人生就是一场勇敢者的游戏，只有勇者才能取胜。

◎ 激励善于创新的人

有人曾经对十八大的报告做过统计，发现有一个词出现的频率很高，达到了55次，这个词就是“创新”。创新是人类社会进步的核心动力，无论对于国家还是对于企业来说，创新都是发展的灵魂。一个国家要想走在世界前沿，就必须寻找不断创新的道路；一个企业要想当业界的“常青树”，就必须寻找到不断创新的方法。

英国的劳斯莱斯汽车堪称“汽车中的贵族”，它在1907年推出的

"银灵"轿车曾被称为"世界上最好的汽车"，但就是这样一个有名的汽车企业，却在后期发展中忽视了核心技术的更新完善，以致最终被德国大众汽车公司所收购，后又被卖给了宝马公司。

与此形成鲜明对比的是，中国的百度公司在创新理念的引领下，从最初不足10人的小公司发展成为今天员工数超过18,000人的大企业，最终成为全球最大的中文搜索引擎。无论是劳斯莱斯的落伍，还是百度的成功，都证明了创新精神对于企业发展的重要性。

创新是企业在激烈的竞争中长久生存和发展的必要条件，尤其是在科技高速发展的今天，推进企业向前进的原动力就是创新。一个企业如果不能在竞争的激流之中不断突破自己，不断创新，勇敢向前，必然会惨遭淘汰。正如逆水行舟，不进则退。

看过一个关于沃尔玛的故事，跟大家分享一下：

"二战"胜利后，美国一名叫沃尔顿的退役军人在阿肯色州的新港小镇租了一个店面，开始经营零售生意。到了20世纪五六十年代，沃尔顿的生意已经大获成功，他的Ben Franklin（本杰明·富兰克林）商店连锁分店已经开到了15家之多。

1962年，沃尔顿突然意识到折价百货商店拥有巨大的发展前景，是百货零售业的一种绝妙创新，因此向Ben Franklin总部提出了尝试创建折价百货商店的建议。但Ben Franklin总部考虑到潜在的风险，否决了沃尔顿的建议。尽管受此打击，沃尔顿并不灰心，为了把握机会，他决定破釜沉舟，放手一搏，于是抵押了自己的全部资产，开了自己的第一家折价百货商店，这也就是今天全球最大规模的超市——沃尔玛超市。

沃尔玛的诞生是一次伟大创新的结果，在这次历史性的变革中，正是因为企业家沃尔顿富于远见、敢于创新，这个后来享誉世界的百货零售企业才得以诞生。可见，实现创新最重要的，不仅要拥有长远的眼光，更重要的是，必须具备背水一战的勇气与不断进取的精神。如果沃尔顿因为满足于已经拥有15家分店的现状，故步自封，安安分分地过日子，那么即使他有发现商业机会的眼光，恐怕也难以将其付诸实践，毕竟与收益并存的，还有风险。

创新并不一定需要多么高深的学问和多么远大的见识，创新往往只需要你比别人更敢想，更愿意去想，更坚持去想。有时候，一个创新的点子看上去非常简单，但又非常复杂，需要经历无数次的否定与改进，最终才能产生创新，就如同下面这个故事一样：

100多年前，美国有一位叫海曼的画家画的画一直不被认可，但他从来没有放弃，仍然每天坚持画很多幅画。在画画的过程中，海曼多次发现橡皮擦老是混在其他乱七八糟的东西中，每次需要擦除污迹或败笔时，很难快速把橡皮擦找出来，有时为了找橡皮擦会花费大把时间，等找到橡皮擦了，灵感早已消失得无影无踪。

为了解决这个问题，海曼想了个办法，将橡皮擦切成一个个小块，分散地放在铅笔和画笔的四周，这样只要想用橡皮擦时，伸手很容易就能找到一块。但海曼在之后的日子里画画时，发现这也不能保证万无一失，因为偶尔还是会找不到橡皮擦。

于是，他又想了一个办法，把橡皮擦用绳子绑在铅笔上。这样一来，橡皮擦就能始终伴随着铅笔，不用每次到处找橡皮擦了。但新的问题又来了，用铅笔画画时，橡皮擦随着铅笔不断晃动，很影响海曼的创作。为了解决这个问题，海曼决定将橡皮擦与铅笔绑定在一起，这样就能固定橡皮擦了。这就是我们今天带橡皮擦的铅笔，海曼因此成了这种铅笔的发明者。这种铅笔用起来很方便，很多人都很喜欢，于是海曼就为这个小发明申请了专利，并以55万美元的高价把这项专利卖给了一家铅笔厂，一夜暴富。

老实说，虽然海曼先生的创新显然并不需要什么高深的技术，说到底不过是一种“懒汉思维”，但实际上，这种思维真正付诸行动很难。“懒汉思维”几乎每个人有，但显然并非所有人都会在这种思维的推动下进行创新，大部分人除了抱怨和逃避之外，并不会去探索解决问题的方法。

曾经有人说过这么一句话：“能不能创新是能力问题，但想不想创新却是态度问题。”我非常赞同这句话。创新是一个系统工程，很多创新点子实际上并不是“灵感女神”所赠予的礼物，而是无数人绞尽脑汁，发动头脑风暴所想出来的东西。而要有创新的点子，首先你就必须敢想。但除了敢想之外，还必须具备一定的知识，让想出来的东西切实可行，而非空中楼阁。

作为企业管理人员，我很欣赏那些思维活跃、敢想别人所不敢想的员工，因为他们才是企业不断创新的内在动力。但我不能接纳那些思维过于天马行空，想出的点子没有任何可行性的员工，因为他们的点子或许适合于艺术创作，但并不能真正为企业创造价值。企业真正需要的人才，是那些懂得用可行办法进行创新的员工。对于这类员工，我们应该予以鼓励和重视，让他们成为企业的生力军，为企业创造更多的利益和价值。

那么，作为企业管理人员，我们如何才能激励这部分员工发动头脑风暴，为他们提供最佳的创新性工作环境呢？我认为应该注意以下几点：

1. 给予员工更多信任和自主权

中国有句话叫“用人不疑，疑人不用”，这句话很有道理。当我们将某项任务交给员工时，应该给予其足够的信任和自主权，信任能让员工从心底产生一种自豪感和责任感，从而产生强大的工作动力，而自主权则能保证员工的才能和创新思维不受限制，更大地发挥自己的职能。

作为企业管理者，一定要明确一件事情：每个人都是平等的，虽然有工作上的职务高低，但没有人格地位上的高低。因此，企业管理者一定要学会尊重员工，以平等的姿态与员工相处。

2. 授权的同时，不忘明确责任

在一件工作中给予员工足够自主权的同时，我们也应该明确工作中的责任关系。承担责任，是对决策负责的行为。此外，责任也是一种对员工的鞭策和约束，让他们在自由发挥自己才能的同时，也时刻保持警惕，注意自己的一言一行将会对企业造成的影响。

管理者应该明白，在工作任务中要做的，是要让员工明白自己应该去完成怎样的任务目标，而不是干预他们去如何完成。因此，当我们决定将某项任务交给某个员工时，只需要告诉他我们需要什么，然后放手让他去做，并对此事的结果负责。

3. 鼓励员工犯错

明确责任是非常重要的，但这并不意味着我们不允许员工在执行工作任务中犯错，相反，对于某些错误，我们反而应该予以鼓励。

很多时候，一项工作任务的成功与否，并非只是由主观能动性所决定的，因此，我们不能单纯地以执行任务的成功或失败来判断一名员工的价值。某些工作任务或许未能达到最终目的，但在执行工作任务的过程中，有些员工可能表现得可圈可点，在这种情况下，我们应该对这些员工表示宽容和鼓励，重塑他们的自信，激发他们的工作积极性。

此外，创新与风险是时刻并存的，创新的道路上难免会遭遇一次次失败与挫折，当员工在创新的道路上遭遇困境时，他们最需要的是企业和领导的支持与鼓励，如果此时管理者对他们予以批评和责难，很可能会让他们对创新产生恐惧，从而彻底失去创新的冒险精神。

企业要发展，就要进行变革，而变革中难免会出现失败，所谓胜败乃兵家常事，我们要允许失败，并鼓励员工正视失败，战胜失败，这样才可能让员工敢于创新，勇于创新，并时刻保持积极进取的革新精神。

◎ 激励果断行动的人

著名华裔电脑名人王安博士曾经分享过自己幼时的一段经历，说自己小时候偶然捡到一个鸟巢，鸟巢里有一只还不能飞的小麻雀，他顿时心生怜悯，想把小麻雀带回家喂养。但走到家门口时，他想起他母亲不允许他养小动物，于是他就把小麻雀放在了门口，自己先进屋，央求母亲让他养这只小麻雀。最后，他母亲终于同意了，他赶紧出去想把麻雀抱进屋，然而当他跑到门口时，发现小麻雀已经被野猫吃了。

这件事让他至今都后悔莫及，因为他考虑过多，导致失去了喂养小麻雀的机会。

机会就像这只小麻雀，人一犹豫，往往就会错过和失去，只有果断行动的人，才能抓住机会，缔造辉煌。

人的一生中每时每刻都在面临选择，任何一个选择都伴随着风险，有的人因畏惧风险而徘徊于选择的十字路口，结果错失了一次次成功的机遇；有的人则能果断踏上自己选择的道路，不畏风雨，排除万难，抵达成功的彼岸。

蒲松龄的《聊斋志异》中讲过这样一个故事：

两个孩子一起放牛，无意中发现了一个狼窝，窝里有两只小狼崽，这两个孩子看到后非常高兴，一人抱着一只小狼崽就跑。很快，母狼发现丢了小狼，赶紧嗅着气味去追。两个孩子吓坏了，知道自己肯定跑不过狼，于是分别爬上了两棵大树。

母狼朝着其中一个孩子爬上的大树逼近，刚到树下，另一个孩子就赶紧捏怀里的小狼崽的耳朵，小狼崽疼得发出惨厉的叫声。母狼爱子心切，赶紧掉头跑向另一个孩子待着的大树，胡乱撕咬。

就在母狼抵达那棵大树下时，这边的孩子也捏小狼崽的耳朵，小狼崽疼得嗷嗷直叫，母狼一听，又赶紧掉头朝着这边的大树扑了过来。

就这样，两个孩子交替着捏小狼崽的耳朵，母狼两头来回奔波，最终活活累死在了树下，小狼崽最终被这两个孩子抱回了家。

生活中像母狼这样的人很多，在选择的十字路口，他们总是顾虑重重、摇摆不定，不能果断做出抉择，最终归于失败。试想，如果母狼能坚定地对一个目标点展开营救行动，又怎么会落得这样的下场？即使失去一只小狼崽，也能挽救另一只。

无论在生活还是工作中，选择都一直伴随在我们身边，穿什么衣服，吃什么东西，执行哪一种工作方案，跟哪一家企业合作……一切都需要选择。面对选择时，只有坚决果断展开行动的人，才能在最短的时间内完成最多的事情，以最快的效率获得最大的效益。这是一个讲求速度的年代，凡事只有抢占先机，才能占领市场。

事实上，从古至今，时机都是制胜的关键，一着不慎，全盘皆输，哪怕只是延迟几分钟，都可能造成巨大损失。

美国独立战争期间，华盛顿率军横渡特拉华河，向英军发起进攻。英军情报人员得知消息的第一时间，将写有这一重要军情的信件紧急交给了英军军官。当时这名军官正在和朋友打牌，打得不亦乐乎，随手就把信装进了口袋里，想等这一局结束之后再看。结果，就在这么短短几分钟之内，华盛顿得以在英军毫无准备的情况下发动偷袭，重创了英军。

一局牌打下来，几分钟就能结束，但就在这么短短几分钟之内，英军错失了原本可以扭转局面的机会，一败涂地，大批士兵甚至失去了宝贵的生命，可谓得不偿失。

在工作中，我们常常会遇到这样的事情：当我们制订了一系列工作计划后，往往会横生枝节，处理起这些枝节来会占用我们大量的时间，导致计划不断延迟，最终破产。但仔细想想，这些枝节真的不可避免吗？我们真的不能对这些枝节说“不”吗？真的不能坚决果断地继续执行原定计划吗？很多枝节需要快刀斩乱麻，犹豫、拖延都会导致错过时机。我们可以用各种各样的借口来宽慰自己，但在客观事实上，无论多么完美的借口，也不可能弥补我们因为犹豫、拖延错过的东西。

犹豫、拖延几分钟，可能就会让竞争对手有机可乘，让自己失去一单生意；犹豫、拖延几分钟，可能就会导致失去制胜的时机，让别人轻松得手。犹豫、拖延是企业在竞争中获胜的最大的敌人，在竞争激烈的今天，只有果断行动，抢占先机，才能立于不败之地。

因此，企业需要果断行动的员工，只有那些能果断行动的员工，才能为企业创造非凡的价值，让企业在讲求效率的竞争中节节胜利。

那么，作为领导，我们又该如何去调动起员工的积极性，激励员工做一个果断行动的人呢？对此，我有以下几点建议：

1. 做好榜样，“跟我来”比“给我上”更能激励人心

作为领导，我们应该成为员工的灯塔，指导员工朝着正确的方向前进。但在现实中，很多领导在遇到困难和风险之际，却习惯将问题丢给员工，自己躲在后方指挥，命令员工：“给我上！”殊不知，这样的领导只会引起员工的怨恨和抵触，没有人愿意追随这样的领导，为这样的领导卖命。

领导是队伍的领头羊，是员工瞩目的焦点，是员工的榜样。你想拥有什么样的团队、什么样的员工，你自己首先就必须成为什么样的领导。尤其是在遇到困难和风浪时，领导要以身作则，身先士卒，敢于振臂高呼“跟我来”，而不是空口催促“给我上”。领导只有自己先成为榜样，才可能培养出一批齐心协力、共同努力的员工。

2. 制订好工作规划，让目标“近在眼前”

在实现目标的过程中，人们容易失望、厌倦，最终放弃，往往是因为目标太遥远，不切实际，在长期付出努力之后看不到希望。比如跑步，如果起点在北极，终点设在南极，相信不会有任何人愿意跑，因为这个目标遥远得极不现实，即使画出路线规划图可以按着路线跑，也不会有人踏出一步。

因此，在工作中，领导应该懂得适当为员工制订工作目标和工作规划，让员工看得见目标，体会到每一点努力所带来的成绩，这些小小的进步实际上就是对员工最大的激励。

在制订目标时，可以考虑将一个长远目标分成一个个小目标，引导员工循序渐进，让他们在每个时间段都能收获胜利的果实，激发出行动的干劲，如此一来，你会发现，不知不觉，他们已经完成了当初那个看似遥不可及的目标。

3. 说到就要做到，展现领导的执行力

领导是员工的榜样，因此，你希望员工能果断行动，首先自己就要说到做到，在员工面前表现出果断坚决的执行力。不管是奖赏还是处罚，只要在员工面前承诺过，就应该付诸实践。言行一致，不仅是一名领导应该具备的素质，更是一个人为人处世的基本准则。

在一个企业中，领导对员工的影响力不可小觑。通常来说，领导的言行会直接影响到员工的言行。如果领导总是“雷声大雨点小”，口号喊得响亮，行动上却不执行，那么员工必然也会纸上谈兵，不干实事。长此以往，这种劣习无论对于个人的工作前途还是企业未来的发展来说，都将造成不可估量的影响。

一个优秀的管理者，不仅要会利用制度来管理人，而且要能用自身的魅力和领导力让人信服；也只有一个能以身作则的优秀管理者，才可能培养出一个敢说敢做、拒绝拖延、果断行动的优秀团队。

◎ 激励化繁为简的人

日本企业的员工是出了名的爱岗敬业，日本人堪称世界上最爱加班的民族。但事实上，如果你有过在日本企业工作的经历，你会发现，日本企业中有些员工在工作中有意不在规定时间内完成工作，甚至在一些毫无意义的文书工作和不相关的流程上浪费时间，然后在下班后疲惫地加班，将时间消磨在公司，工作效率很低，无法为企业带来切实的效益。

日本人是一个非常奇特的民族，在外国人看来，日本人的日常生

活中，似乎除了工作之外，没有时间去做其他事情。更奇特的是，对于这种工作现状，似乎从来没有人感到不满，并表示抗议。我曾在日本一家企业工作过一段时间，在这家企业，员工几乎都有一个共识：不能比老板先离开公司。似乎只有这样，才能体现出“敬业”精神。于是，无意义的加班几乎成了企业的常态。但事实上，很多时候，老板不回家并非是因为沉迷工作，也许仅仅是因为回家也没事干，于是就在公司上上网，看看报纸，以打发时间。

日本人效率低的工作状况和化简为繁的工作过程，在欧洲国家的员工看来，是不可思议的。曾经有一个澳大利亚人说，他认为在工作上，澳大利亚企业的员工比起日本企业的员工来要努力得多，因为澳大利亚企业的员工总会尽力在五点下班之前干完所有工作，然后准时回家，从不会浪费工作时间，而是想尽办法将工作化繁为简，提高工作效率，争取用最简单的方式和最快的方法完成工作任务。

比较日本人与澳大利亚人对“努力工作”的评定标准，我们会发现，他们之间的不同在于，日本人更注重的是工作中所表现出来的过程，以员工为工作付出的时间来衡量员工的工作情况；而澳大利亚人更注重的是工作结果，以工作结果的优劣以及工作成绩的高低来评判员工的工作能力。这两种评定标准孰优孰劣，不言而喻。

人们常说很多事情的过程比结果更重要，比如登山，在沿途看到的风景或许并不逊色于“一览众山小”的痛快；比如人生中的喜怒哀乐才是生活的真谛。但工作与这些不同，工作是讲究效益的，所以工作的最大意义不在于过程，而在于结果。工作是人生的一个组成部分，也是构成生活的物质基础，从现实角度来说，我们工作，除了实现理想、实现价值之外，从中获取报酬，获得利益，用以作为生活物质层面的支撑也是非常重要的，因此，以最少的时间获得最大的利益，无疑才是最理想的工作状态。

一名员工对企业的贡献，最直观的体现在于他的工作效率和工作成果，而非他在工作上所付出的时间。如果一名员工不能为企业创造价值，那么即使他将生命所有的时间都花在工作上，对于企业来说，也没有任何实际意义。

在任何一家企业，老板真正欣赏的，往往是那些懂得将工作化繁为简、快速达成工作目标的人，而非那些将简单的事情复杂化、付出大量时间却干不出成绩的人。在成功的道路上，只有那些把握效率、敢于创新的人才能率先抵达终点，收获胜利的果实，获得他人的认可。

有一位部落首领曾率领人马出行，在行军途中，看到一棵古树上系着一根绳子，绳子打了一个很复杂的结，很难解开。当时民间有一种说法：谁只要能解开这个绳结，谁就会统一所有部落。很多人都尝试解过这个绳结，但没有一个人能解开。

这位首领自信满满地到了树下，想试一试。围着树转了几圈之后，他发现，自己连绳结的头也找不到。想了一会儿之后，他猛然拔出剑，挥剑一砍，绳结立即就开了，众人顿时目瞪口呆，没想到他居然这样解开绳结。这位首领告诉将士们："这就是我解开绳结的方式！"

一如传说，这位首领最终真的统一了所有部落。

老实说，这位首领解开绳结的方式确实存在一定的投机取巧成分。从过程上来说，他并非一个合格的挑战者；但从结果来看，他确实解开了绳结，并且是以最简单直接的方式，花费最短的时间，所以他才能出类拔萃，卓尔不群。

人生短暂，每一天的时间都非常有限，在这有限的时间里，如果要想尽可能地创造价值，实现人生理想，就应该努力提高效率，将复杂的事情简单化，懂得用简单直接的方式去达成目的。

在职场中，我们常常发现，很多员工几乎每天都在加班，忙得不可开交，但做不出什么突出的成绩，导致最终被辞退；而有一些员工，表面上看似乎不怎么努力，按时上下班，但总能成为公司的业绩先锋，得到老板重用。这实际上就是工作方式和工作效率上的差异造成的结果。当你感觉自己整天都在忙碌，却始终干不出任何实质性的成绩时，就该停下来审视一下自己的工作方式，让自己醒一醒，想想究竟是工作真的过于忙碌，时间实在过于有限，还是没有合理利用好自己的时间，没有将繁复的工作简单化，导致无法抓到事情的关键，穷忙瞎忙。

为了提高工作效率，在做事之前，我们首先应该考虑以下三个问题：

第一，将要做的这件事情是否确实有必要做，如果取消会不会造成什么影响？如果可做可不做，就尽量不要去做。

第二，假如这件事非做不可，但会对之后的工作造成影响，那么，这件事能不能跟别的事情合并起来做？如果这件事可以跟别的事合并一起来做，就能节省做一件事情的时间，提高工作效率。

第三，在做这件事情时，能不能用简单的方式去做？比如解绳结，解开绳结是最终的目标，常规的方式是寻找绳结的头，慢慢解开它，但那位首领的方式是简单直接地将其砍开，达到同样目的的同时，节省了大量时间。

任何表象实际上都遵循着简单直接的一般规律，要想提高工作效率，在最短的时间内获得最大的利益，我们就必须透过现象看本质，抓住事物的规律，从中找出最简单的处理方式。而要想做到这一点，并且大胆去做这一点，就要求我们工作的大环境有“海纳百川”的度量，能接纳突破传统思维的创新方式，并能以结果和成绩而非过程来对员工进行中肯的评价。

可见，企业需要懂得化繁为简的员工，而这样的员工则需要目光长远、思想开放活跃的领导和企业文化。在企业管理和工作中，实现化繁为简并非易事，企业上下必须达成共识，进行一场彻底的心理革命。

更重要的是，作为企业领导，必须要准确捕捉到问题的关键，把握管理的本质和规律，集中高效地领导员工，实现从“管人做工作”到“提高贡献率”的转变。

◎ 激励默默无闻、有效行动的人

在职场中，有的人兢兢业业、踏踏实实地干实事，却由于默默无闻不能引起领导注意，得不到领导赏识；有的人凭借夸夸其谈、哗众取宠，总能抢走别人的功劳，获得领导重用。职场的现实就是如此残酷不公，似乎做得多永远不如说得多，做得好永远不如说得好。

一件事情计划得再周详、再完美，如果不付诸行动，就没有任何实际意义。无论任何事情，做永远比说更重要。只有去做，才可能成功；只有付诸行动，才可能创造收益。

然而，在职场之中，我们又不得不面对这样一个残酷的现实：会说的人似乎总比会做的人更加如鱼得水。

企业需要会干实事的人，但往往那些默默无闻、踏实做事的人，却难以得到重用，反而那些玩弄嘴上功夫、光说不练的人却可能获得领导青睐，从而步步高升，身居要职。这种矛盾的现象比比皆是。而造成这一现象的根源主要在于，领导总是习惯高高在上、俯视一切，不能深入员工中间了解员工工作情况，只单纯地依据表象来对员工做出评价。如此一来，那些能有效行动，为企业创造效益，却不懂表现、默默无闻的员工自然难以引起领导注意，反而那些哗众取宠的人，更容易吸引领导的视线，从而抢占别人的功劳，得到与其贡献不相配的奖赏。

这种情况对于企业的发展来说很不利：一方面，踏实干事的员工在付出努力后得不到相应的回报，其工作积极性势必会受到打击，从而影响其今后的工作效率；另一方面，哗众取宠的人得到升迁和提拔，就会成为错误的榜样，导致其他员工认为这就是升职的真理而相继效仿，说大话，争功劳，反而将踏踏实实做事的精神抛诸脑后；更为恶劣的后果是，这种情况将会形成一种恶性循环，逼走真正做事的人，留下那些巧舌如簧却不能做出实际贡献的人。长期下去，企业势必江河日下。

真正能支持企业发展壮大的，是那些默默无闻却能有效行动的人。嘴上功夫再强，也不过是空中楼阁，说得再漂亮，不能落到实处，最终只能一事无成。

人才是事业成功的关键，也是企业发展的中流砥柱。这个时代最缺少的并不是人才，而是发掘人才的慧眼。千里马常有，但伯乐不常有，千里马如果不能得到伯乐的赏识，只能庸碌一生，与一般的马并无区别。企业是否能让“千里马”人尽其才，其重点在于，是否有知人识马的“伯乐”做领导。

作为企业领导，必须具有发现人才的慧眼，能透过员工所表现出的表象，发现那些真正在干实事的人。这就要求领导不仅要从高处俯视全局，而且要懂得深入员工中间，以员工切实的工作成绩和工作表现，对员工进行评定，最终发掘出那些真正有用的人才，委以重任。

曾经看过一个故事深受启发，跟大家分享一下：

一家以经营制造业为主的企业聘用了一名管理学硕士当厂长，但这名硕士对制造业并不了解，厂里大多数员工都对他很不服，认为他不了解业务，没资格当厂长，因此处处跟他作对。

工人们的抵触情绪让这位新厂长很难开展工作，经过深思熟虑之后，他决定离开办公室，走近工人们，拉近他们与自己的距离。

于是每天一下班，新厂长就找两位主管聊天，跟他们谈天说地，从工作谈到生活，谈到彼此的兴趣。经过几个月的相处之后，这两位主管和新厂长成了朋友，每次都推心置腹地向他报告厂里的情况。

上班时，新厂长不再坐在办公室里，而是在厂里四处走动，热情地和工人们打招呼，并根据从主管那里获得的“情报”，重点留心观察一些技术好的老工人，并跟他们亲切交谈。

一段时间之后，工人们逐渐接纳了新厂长，新厂长也在与工人们的交流中逐渐了解了工厂的情况，并提拔了几名技术一流但始终没能得到重用的老工人，他的这种作为让工厂的员工们刮目相看。

这位新厂长是一个十分明智的管理者，当遭遇员工抵触情绪时，他并没有采用强硬手段迫使他们屈服，而是放低自己的身段，跟他们展开交流，赢得他们的信任和尊重。对于制造业，这位新厂长可以说一窍不通，但他能深入底层，发掘出优秀人才，并委以重任。可见，一名优秀的管理者并不一定要是某方面的专家，重要的是要看他是否具有识人的眼光，充分挖掘手底下的人才。正如一位伟大的帝王并不一定要全知全能，重要的是他是否能识别人才，选贤任能，知人善任，让他们各司其职，共同缔造太平盛世。

很多领导都习惯把自己关在狭小的办公室里，坐等下属来向自己汇报工作。但这样不仅拉开了自己与员工之间的距离，而且错过了发现那些默默无闻却兢兢业业、有效做事的人才。**正如美国学者汤姆·彼得斯说的那样："如果你将超过1/3的时间花在办公室里，你便与时代格格不入。"**

不管你管理的是一家大公司还是一家小公司，请走出办公室吧，与你的员工进行交流，这绝对是实现高效管理、发掘人才的最佳方法。

◎ 激励高质量工作的人

追求一个女孩时，安排一场高质量的约会，往往比安排多次平淡乏味的约会更能打动人心。一场高质量的约会，会大幅度提升她对你的好感，甚至约会结束都能让对方意犹未尽。而平淡乏味的约会越多，你自己的缺点就会暴露得越多，女孩对你的好感度也会越发下降。

在工作方面也是如此，与其数量多，不如质量好。完成一件高质量的工作，往往可能带来比完成数件低质量工作更多的利益。比如卖保险，一个月卖出去四五单几千元的保险，不如一个月只卖出去一单数十万元的保险。

对于工作，企业看重的不是你做出了多少数量，而是你做的工作能为企业带来多少价值和利益。而最终决定你能为企业带来多少价值和利益的，除了你完成工作的数量之外，更重要的是你所完成的工作的质量。

通常情况下，不同质量的工作成果所带来的收益之差，非数量所能弥补。海尔集团的经历就说明了这一道理：

1984年之前，海尔集团对产品质量的要求并不算特别严格。当时中国刚刚改革开放，物资缺乏，不管什么样的产品，只要能用，便能堂而皇之地进入市场。即使实在卖不出去的产品，也能以较低的价格廉价出售，或者分配给员工作为福利。

1984年年底，新厂长张瑞敏上任之后，就在海尔内部掀起了一股质量改革的潮流，希望提高员工对产品的质量意识。但一直以来的习惯和观念早已根植于员工的思想之中，张瑞敏要想彻底扭转局面也并非一朝一夕所能办到。

1985年4月，张瑞敏突然收到一封用户的投诉信，信中投诉海尔生产的冰箱存在质量问题。张瑞敏非常重视这件事，立即赶到仓库，对仓库中的400余台冰箱进行了仔细严格的质检，结果发现了76台质检不合格产品。

张瑞敏大发雷霆，将全体员工召集起来，讨论如何处理这些不合格的冰箱。在厂里的老员工看来，产品里出现不合格的冰箱也不是一次两次，没必要这么大动肝火，他们认为只需要按照以往的惯例将这些问题冰箱进行半价出售或者内部消化就行，毕竟这些冰箱虽然存在一定的质量问题，但没有严重到不能用的地步。

但张瑞敏听了这样的建议很不赞同，他说："如果这样处理，那是不是意味着以后厂里仍然可以容忍生产出这样不合格的产品？为了杜绝这种事情再次出现，这批冰箱必须销毁！"

说罢，张瑞敏顺手拿起一把大锤砸向不合格的冰箱，把冰箱砸得稀巴烂。随后，张瑞敏将大锤交给负责生产的人，让他们当着众人的面，将所有不合格的冰箱全部砸毁。当时，一台冰箱值800多元，而一个普通员工的月工资不过才40多元。在场的人看着冰箱被砸烂，极为痛惜，因为冰箱虽然有缺陷，但还能用。

但正是通过这件事情，张瑞敏在海尔的员工心中树立了这样一个信念：有缺陷的产品就是废品！

张瑞敏用有形的锤子在海尔全体员工心头猛击，让他们彻底明白海尔集团的未来与其生产的产品质量息息相关，也让他们意识到，只有深化“精细化、零缺陷”的生产意识，才能成为合格的员工，才能让企业在竞争中脱颖而出。

1988年年底，海尔集团获得了中国电冰箱市场的第一枚金牌，海尔冰箱成为全国一流冰箱。

高质量是海尔在激烈的商业竞争中脱颖而出的制胜绝招。800多元的冰箱在那个年代对于普通工人来说极为昂贵，张瑞敏却将这些瑕疵品全部砸烂，让企业承受一笔不小的损失。但正是张瑞敏这种破釜沉舟的决心，让海尔集团的员工深刻地认识到了质量对于企业的生存和发展是多么重要，也正是这种坚决拒绝瑕疵品的态度，让海尔集团的员工永远铭记这一教训，从此将高质量、高标准的要求牢记于心，造就了海尔集团享誉世界的声名，以及辉煌无比的成功。

可见，对于企业来说，质量往往比数量更加重要。数量多或许能为企业带来短暂的利益，但如果脱离高质量的要求，数量再多也无法让企业获得消费者的信任，无法在竞争之中长盛不衰。

企业对员工的需求也是如此，一个能做很多事情的员工固然可贵，但如果员工在做事的过程中不能保证工作质量，而是“做多错多”的话，就不仅不能为企业创造效益，反而可能为企业带来麻烦，影响产品的销售；反之，如果一个员工做事不多，但每件事都能保证高质量，将每一件事都做到极致，那么反而可能成为企业的中坚力量，为企业创造不可估量的价值。

美国通用汽车公司曾发生过这样一件事情：

公司售后部门收到一封消费者的投诉信，信中说：“我们家有个习惯，每天吃完晚饭之后，所有家庭成员会举行一次投票，决定选择什么口味的冰激凌作为餐后甜点。最近我买了你们公司的一部庞蒂亚克，但我发现，每次我去买冰激凌时，如果买的是香草口味，你们的车子就发动不了；但如果买其他口味的冰激凌，则不会存在这个问题。这究竟是为什么？这个问题听起来似乎匪夷所思，但我并不是在开玩笑，这让我很苦恼！”

这封信的描述确实匪夷所思，汽车怎么会对不同口味的冰激凌做出反应呢？虽然公司售后部门经理很难相信这件事情，但还是派出了一名工程师前去调查情况。

工程师找到了这位消费者咨询情况，这位消费者一五一十地向他陈述了自己的遭遇，工程师都记录了下来，并在他身边调查了很多天，发现客户所描述的确切无疑，每当这位消费者买了香草味的冰激凌带上车吃之后，车子就没法发动。工程师详细记录下了所有的情况，包括车子开出的时间、所用的油种类等等。又经过一段时间的调查之后，工程师有了一个重大发现，原来那家店香草冰激凌特别畅销，因此为了方便消费者购买，店里专门设置了香草冰激凌出售窗口。因此，每次消费者购买香草口味冰激凌所需的时间都比购买其他口味的冰激凌花费的时间短。

发现这一问题后，工程师又对汽车进行了详细检查，这才发现，原来车子的蒸汽锁存在问题，消费者购买香草味冰激凌在车里食用后，由于香草味冰激凌散发出的香味比其他口味的浓郁，热量也随之在车内急剧扩散，而蒸汽锁在短时间内无法散热，导致车子不能顺利启动。工程师向公司反映了这一问题后，公司及时解决了这款庞蒂亚克汽车所存在的隐患。

如果通用汽车公司售后部门经理对客户的投诉置之不理，或者工程师在调查情况的过程中敷衍了事，那么通用汽车公司很可能永远不会发现该款汽车所存在的问题，只要问题不解决，客户在购买产品之后遇到类似情况，一直会投诉。长此以往，就会对通用汽车公司的声誉造成重大影响。在解决这一匪夷所思的问题的过程中，经理和工程师以认真负责的态度做好了自己的本职工作，虽然耗费了很长时间，但解决这一问题对于公司来说意义非常重大。

因此，无论何时，不管面对多么不可思议的事情，我们都应该以一颗认真负责的心去面对，冷静思考，认真做事，高质量地完成自己的本职工作。

◎ 激励忠于企业的人

李嘉诚说："做事先做人，一个人无论成就多大的事业，人品永远是第一位的，而人品的第一要素就是忠诚。"

索尼公司有这样一个招聘原则："如果想进入公司，请拿出你的忠诚来。"格力公司的企业精神主要是八个字——"忠诚""友善""勤奋""进取"。

某机构曾访问了很多企业老板，做过一项调查，其中一个问题是："你最看重员工的哪一种品格？"对于这个问题，几乎所有老板都给出了同一个答案——忠诚。

忠诚不是说你必须从一而终，进入一家企业，就得终身为它卖命。

忠诚是一种职业道德，也是一种职业素养。在我们的职业生涯中，跳槽是一件很正常的事情，任何人都有权选择更适合自己发展的道路，但在选择道路时，也应该遵循基本的职业道德，不能出卖忠诚，出卖自己。

一名缺乏忠诚度的员工，无论多么有才华，也不会得到老板的重用与信任。对于老板和企业而言，一个缺乏忠诚度的人是危险的，而一个缺乏忠诚度又具备强大能力的人，更加危险，你永远不知道他什么时候会掉头给你致命一击，就像三国时的吕布。

吕布堪称三国第一猛将，曾效力于丁原，认丁原为义父，后在董卓的拉拢下杀死丁原，转投董卓麾下，认董卓为义父。后来中了司徒王允的“美人计”，迷上了美女貂蝉，为了得到她，选择干掉了董卓。当最后吕布成了曹操的手下败将时，刘备一句“公不见丁原、董卓之事乎”提醒了曹操，曹操意识到与其留着这样一个神勇无敌但不忠不孝的人在身边后患无穷，不如趁早解决掉他，于是痛下杀手，将其处死。

与吕布的不忠不义形成鲜明对比的是三国另一员猛将关羽。关羽的武艺其实不如吕布，但他的忠义之名远非吕布所能比，原因就在于关羽对他的领导刘备极其忠诚。关羽兵败陷于曹营之时，心心念念的始终是结拜兄弟刘备，不管曹操如何厚待他，如何挽留他，都始终没能动摇他对刘备的忠诚。这份忠诚不仅让关羽赢得了曹操的敬重，更让关羽的忠义之名永载史册。

因为不忠，吕布成了万人唾骂的“三姓家奴”；因为忠诚，关羽千古流芳。两人的忠诚度不同，决定了两人截然不同的人生际遇。

忠诚是一个人最可贵的品质，同时也是保证企业生存发展的重要支柱。职场不仅是能力竞争，也是职业道德和职业操守的竞争。很多企业在招聘员工时，比起员工个人的技能水平，更加看重员工的道德操守与职业素养。对于企业和老板来说，员工学历低无伤大雅，因为毕竟可以培养进修，业务能力可以锻炼提升，但如果没有基本的职业道德，对企业缺乏忠诚，就无法进行定向培养，对于这样的人，企业绝不会重用。

曾有这样一则报道：

一名先后获得北京大学和清华大学博士学位的双料博士不但找不到工作，还上了多家企业的招聘黑名单，被拒之门外，永不录用。

按常理来说，这位双料博士才华出众，应该是多家企业争抢的香饽饽，为何会有这样的遭遇？这要从他的经历说起。

毕业之后，这位博士进入了一家研究所工作，并在研究所的支持下成功研发了一项新技术。但很快，他对单位给予他的待遇心怀不满，于是带着此项技术跳槽到了一家私企，并凭借此项技术当上了该企业的总经理。

过了一段时间之后，另一家公司开出了更加诱人的条件拉拢他为自己效力，他经不住诱惑，再次携带本公司的机密跳槽过去。就这样，他先后背叛了整整五家公司，一次次出卖公司机密，这件事情最终在业内传开，这名双料博士从此声名狼藉，再没有任何一家公司愿意录用他。

叛徒向来为人所不齿，不忠之人永远不可能得到别人的信任和尊重，没有任何一家公司愿意收留一个叛徒，养虎为患。这名双料博士不明白这个道理，在他一次次的背叛中，他所伤害的不仅是原公司的利益，同时也是自己的信用值和工作价值。甚至可以说，在他的一次次背叛行为中，受到最大伤害的并非那些被泄露机密的企业，而是他自己，他亲手为自己贴上了“叛徒”的标签，断送了自己本来前途无量的职场生涯。

忠诚是一个人在社会上生存的重要资本，无论是跟人交往还是合作，忠诚度都将成为别人衡量其价值的重要依据。一个缺乏忠诚的人必然会被排斥，即使能力再强，也难以实现自己的价值。

虽然忠诚是员工最基本的职业素养，但并非单方面的行为。企业希望员工忠诚，员工同样也期待自己对企业的忠诚能得到回应。如果员工对企业保持忠诚，企业却不能让员工获得利益和心灵上的满足，那么长此以往，员工对企业的忠诚度必然会下降，最终荡然无存。因此，作为企业领导人和管理者，如何赢得员工的忠诚，并让这种忠诚得以保持，是一门非常重要的必修课。根据多年来的经验，在这里，我将提出一些建议，供各位同仁参考：

1. 高薪支撑员工的忠诚度

工作最基本的目的就是为了赚钱。不管具备多么崇高的职业理想，如果不能满足现实最基本的物质要求，那么恐怕任何人都难以长久保持一颗忠诚的心投入工作。

员工进入企业工作，其中一个不容忽视的目的就是为了养家糊口，让自己和家人过上更好的生活。如果企业不能满足员工这一物质要求，又怎么可能让员工心甘情愿为企业卖命呢？

当然，高薪并非让企业对员工一掷千金，企业并非慈善组织，追求的东西始终离不开一个“利”字。企业可以通过一些科学化的考核方式，对员工进行奖励，以此激励员工，让员工的付出与收入成正比。这样一来，员工就有了为企业工作的动力，而在员工全身心投入工作的推动下，企业也将蓬勃发展。

2. 给员工一个广阔的发展空间

除了薪资之外，对于很多员工来说，广阔的发展空间也是非常重要的。薪水的多少是短期利益，未来的发展空间和发展平台才是决定员工职业生涯高点的关键因素。

要想留住员工，确保员工对企业的忠诚度，企业就应该给员工一个看得见的美好未来，让员工坚信自己长久的努力与坚持必将得到丰厚的回报，获得美好的前景。

3. 情感沟通强化员工的忠诚度

忠诚实际上也是情感的一种体现，情感的亲疏远近，在某种程度上也影响了忠诚度的高低。人是一种非常容易受到情感左右的生物，在工作中，除了物质上的报酬之外，精神层面获得的情感体验也往往决定了一个员工对企业的忠诚度。

这种情感体验主要包含两部分内容：一是企业管理层对员工的人文关怀；二是团队内部是否具备有效的沟通机制，让员工有效发表自己的意见。

只要领导能确保这两点，那么必然能在情感上让员工获得满足，从而让员工对企业产生感情，进一步强化对企业的忠诚度。

4. 展露个人魅力，成为优秀榜样

人是群体性动物，团队的作用和影响往往具有惊人的效果，而在某种程度上来说，决定团队的作用和影响导向的，往往是领导的个人魅力。

如果团队的领导能成为员工眼中的优秀榜样，以个人魅力征服员工，那么必然能让员工产生一种信仰，甘愿追随领导，成就一支优秀而卓越的工作团队。

◎ 激励重视团队的人

企业的竞争力在很大程度上取决于员工的竞争力，在这个社会分工日益细化的时代，个人的力量和智慧已经无法支撑企业的需要，即使你是天才，也不可能做到全知全能，因此，为了缔造事业的辉煌，为了提高企业的竞争力，团队合作成了提升企业工作能力、工作效率以及综合竞争力的重要途径。

英国作家萧伯纳曾说过这样一句话："假如你有一个苹果，我也有一个苹果时，彼此交换后，我们都还有一个苹果；但是，如果你有一种思想，我有一种思想，那么彼此交流后，我们每个人都有两种思想。甚至两种思想发出碰撞，还可以产生出两种思想之外的东西。"这就是团队合作能带来的优势。

个人的力量是有限的，个人的认知也是不完美的，但如果你能与别人合作，互相取长补短，那么合作之后所产生的能量就可能是个人的数倍甚至数十倍。中国有句俗话——"三个臭皮匠，顶个诸葛亮"，讲的就是团队合作的重要性。一个人无论多么聪明，始终都存在一定的局限性，而一支团队却存在着无限可能，团队中每个人都有一种思想，这些思想经过交换、碰撞，可能产生出新的、更多的思想，这些思想就是我们所说的，团队合作所产生的"无限可能"。

有个人很好奇天堂与地狱到底有什么区别，于是向上帝求教。上帝带着他先到了地狱，他发现地狱里摆放着各种各样的食物，但每个人都面黄肌瘦、精神萎靡，原来是因为他们手中握着的叉子太长，无论怎么努力，都没法将食物送到自己口中。

后来，上帝又带着他到了天堂。他发现，天堂与地狱并没有什么区别，也是到处摆满了食物，每个人手中握着的叉子和地狱里的那些人握着的一样，很长，唯一的不同是，天堂里的人都带着幸福的笑容，一片欢声笑语。那人仔细观察之后惊讶地发现，原来在天堂里，每个人都用长叉子将美味的食物喂给别人，因此没有一个人因为自己的叉子长而不能进食。

天堂与地狱，客观上来说并没有什么不同，造成天堂与地狱天差地别的，是人与人之间的相处，当人与人能团结合作、取长补短时，地狱也将成为充满欢声笑语的天堂，这就是团队合作的巨大力量。

企业要想发展壮大，如果仅仅依靠个人的力量是不够的，它需要的是优秀的团队，而要有优秀的团队，就需要能进行团队合作的员工，他们的能力或许不如天才般的独行侠，但他们众志成城，团结一心，就能成为企业的中坚力量，在团结合作之中，将有限的能力汇集起来，形成无限强大的力量。

虽然团队合作能产生强大的力量，但我们也应该认识到，这种力量的凝聚是否具备永久性，还要从激发团队合作的动机来考虑。如果这种团队合作是一种自发自愿的行为，那么这股力量就可能持续发展下去；但如果这种动机只是临时的、被迫的，那么，这种动机的保鲜期实际上就是团队合作所产生力量的期限。

在企业中，作为领导，最重要也最艰难的工作，就是引导下属和员工展开团队合作，让员工之间产生一种长久持续的向心力，紧密团结在一起。说到底，就是要激发起员工的团队精神，并不断对团队进行激励，让这种合作精神得以长久延续下去。

那么，如何才能激发员工的团队精神呢？我们必须明确团队精神所包含的以下几个层面的内容：

1. 团队凝聚力

团队精神最重要的是团队的凝聚力，这种凝聚力直接关系着团队成员之间的关系，以及展开团队合作的动机。团队凝聚力越强，成员对团队的忠诚度也就越强，各个成员之间的协同合作也就越发顺利。

而要保证团队凝聚力，就要做到以下几点：

（1）团队管理采取民主的方式，让每个成员都能发表意见，参与决策。

（2）保证信息沟通渠道畅通，让每个成员都能共享信息，反映问题。

（3）建立公平健全的奖励机制，让每个成员都能获得与贡献相匹配的报酬。

2. 团队合作意识

团队合作意识决定了一支团队是否能真正成为团结协作的共同体。

竞争无处不在，即使属于同一团队，各个成员之间也难免产生竞争和比较，良性的竞争能激励成员共同进步，从而提升团队力量；恶性的竞争很可能造成团队内部分裂，进而影响整个团队的战斗力。因此，培养团队成员的合作意识是非常重要的，团队的精髓就在于“合作”二字，只有团队成员将“合作”摆在“竞争”之前，才可能在分享与信任中建立一支优秀的团队。

3. 团队士气的高低

团队士气所反映的是该团队的精神面貌。军队打仗时，士气是决定军队胜负的关键因素之一。团队是一个整体，团队每个人的工作积极性与热情直接影响到整个团队士气的高低，而士气的高低，又直接与其工作效率挂钩。

要保证团队的士气，企业领导主要应该从以下三个方面着手：

（1）保证员工期望与团队目标的一致性，让员工自发、自觉地为实现团队目标而努力。

（2）保证利益分配的合理性，无论在精神还是物质上，都要尽可能做到公平、合理、同工同酬。

（3）激发员工对工作的热情和兴趣，将员工安置在合适的岗位上，充分发挥其特长。

第二章

揭秘各类员工的“激励点”

企业里的每一名员工都是活生生的人，每个人都有自己的想法、需求。而激励，说白了就是要满足不同人的不同需求，让他们获得更大的动力，全身心地投入到工作中去。只要掌握了各类员工的“激励点”，就可以对症下药，让每一名员工都能得到他们想要的东西，让激励落到实处。

◎ 冒险型员工追求机会

冒险型员工往往具备极大的野心，勇于挑战自我、突破自我，在工作中，比起想要得到金钱等物质报酬，冒险型员工更渴望得到升迁机会。这类员工爱好冒险，追求刺激，不甘平庸，注重内心体验，常常会有出人意料的表现，但同时也伴随着高风险。

冒险型员工在企业发展壮大的过程中，往往担任着先锋军的角色，这类员工热爱冒险和挑战，在企业开拓新领域的过程中发挥着举足轻重的作用。他们渴望改变，对新鲜的事物充满兴趣，越大的困难越能激发他们的冒险精神。

而在工作的过程中，相比薪酬、工作条件以及工作环境等因素来说，冒险型员工更加看重的是该项工作是否能为其带来发展机会，让其能进一步突破自我，挑战自我。这个过程中的刺激感往往能让冒险型员工感到满足。

日本某工业公司材料部的部长P先生是一名典型的冒险型员工，此人才华横溢、精明强干，在工作上也十分积极，尤其在面对困难时向来都是迎难而上，从不退缩，因此深得上级的赏识，周围同事也都对其赞誉有加。然而，就是这样一位前途无量的大好青年，却在事业发展形势一片大好之时毅然辞职了，这让很多人十分不解。

后来有人从P先生的一位朋友口中得知，原来当时P先生因工作能力强、认真负责，深得上司赏识，总公司人事部门曾多次表示想提拔P先生，但这件事都被P先生的直属上司压了下去，上司非常赏识P先生，总想让他一直给自己当帮手，不肯轻易放人。

之后，当P先生的这位上司调职之后，第二任上司走马上任。当时总公司人事部门再次提出了对P先生的调动建议，但这位新上司担心自己新上任，无法掌控工作，故而希望留下工作主力P先生作为自己的帮手，于是P先生只能留了下来。

后来，同样的事情又上演了数次，上司的赏识反而成了妨碍P先生调动升迁的最大阻力。P先生在同样的岗位上一干就是多年。随着时间的推移，P先生越来越不甘心，对工作也不再有当初的热情，以致在工作上犯了错误，最终引咎辞职。

员工在为企业奉献的同时，也渴望企业能给予其相应的回报，在任何一家企业中，让员工长期原地踏步是不可取的，尤其是对于P先生这样优秀的冒险型员工，一直让其留在原地，不得升迁，只会导致其失去工作的热情，万念俱灰。

企业要想留住员工，最关键的一点在于企业是否能为员工提供他们想要的东西，以此来换取员工对企业的忠诚。而冒险型员工，此前说过，他们最适合的是成为开疆拓土的先锋军；他们最在乎的是隐藏在冒险与挑战中的机遇。

在职场中，跳槽现象很普遍。按照常理，人们选择跳槽，往往是因为新公司比旧公司拥有更好的福利和更高的薪资。但如果你注意观察，相信你一定会发现，我们周围有这样一些人——他们可能拥有非常令人羡慕的工作，薪资高，福利好，工作轻松，但他们可能会放弃这份工作，反而选择跳槽进入收入和福利等都相对较低的一些企业工作。这种现象非常奇怪，某机构曾对此开展了一项调查。调查结果显示，在这些放弃高薪选择跳槽的人中，大约41%是因为晋升机会有限而选择跳槽的，25%是因为业绩没有得到相应的肯定和赏识而离职，只有15%的人是因为一些薪资纠纷问题选择了离开。

可见，在看待工作时，并非所有的员工都将注意力集中在薪水或福利问题上。薪水、福利等是工作所附带的“保健”条件，但对于冒险型员工来说，这种“保健”条件还不足以成为激励他们不断前进的动力，真正能让他们感到兴奋的，是工作成就和发展前途等激励因素。

来看看下面这个故事：

赵强经营一家网络公司，到了年底，本应该是庆祝丰收之时，没想到，公司竟然有八名员工同时提出了辞职请求。在这八名员工中，有五名刚进入公司不久。赵强对此感到十分意外，也大为不解，虽然年轻人工作的不稳定性、跳槽频率高早已是职场中的通病，但赵强自认为公司已经尽力为员工提供了很好的薪资、福利待遇，为什么还留不住人呢？

田庆是八名提出辞职申请的员工之一，进入赵强公司刚一年，工作表现一直都很好，勤奋好学，兢兢业业，为公司做过几个虽然不算大但非常精彩的项目，赵强一直很欣赏他，但没想到，他也要辞职。

接到辞职信后，赵强找来田庆交谈了一番，一开始，田庆只以家中有事、要考公务员等托辞为由，后来在赵强的再三追问之下，田庆才终于坦陈了真实的原因：“我希望能有一份稳定长久的工作，我也挺喜欢这份工作的。但是在公司这段时间，我自认为我还是很有能力的，也做出了一定的成绩，但每当有晋升机会时，公司总是优先考虑老员工，虽然我进公司晚，但不代表我的能力比他们差。总之我觉得在这里干没意思，还是走吧。”

将晋升机会尽量留给老员工，这种想法在职场中是普遍存在的现象，很多领导的想法实际上都与赵强不谋而合，在提拔干部时，都会尽可能地选择老员工，即使老员工的能力比起年轻的新员工来说存在不足，但他们依然会是领导的首选。这主要有两方面的原因：一是老员工为公司做出的贡献多，且工作情况等也较为稳定，不容易发生跳槽的状况；二是老员工工作经验丰富，对公司业务也更为熟悉。当然，有时或许还会考虑到敬老。

但事实上，这样的想法对于企业的发展来说并不是好事，尤其在挽留人才方面，更是可能成为企业的硬伤。从心理学角度来说，大部分年轻员工都是冒险型员工，他们富于朝气，敢于追求挑战，不愿一直埋头于单调乏味的工作中，他们渴望证明自己，于是积极地争取晋升机会。如果这种追求长期得不到满足，他们的工作积极性就会受挫，最终就会像田庆那样选择跳槽。

为了留住企业的“先锋军”，作为企业领导人，我们应该纠正首先提拔老员工的错误观念，建立起一套公平公正的晋升制度，让新老员工都拥有晋升的机会。概括起来，大致有四种方法：

1. 职位阶梯

所谓“职位阶梯”，就是指将职位以循序渐进的方式进行排序，排序的标准包括头衔、薪资以及工作能力等。领导在提拔员工时，主要根据该职位阶梯循序渐进地晋升员工，同时也能根据该阶梯对员工进行考核，以此来考核该员工是否符合晋升条件。

2. 职位调整

职位调整主要是为了给予那些职位发展空间非常有限的部分员工晋升机会。职位调整的晋升机会是专门为这类员工提供的。根据这一准则，领导可以从这部分员工中选择一名符合条件的晋升候选人，而如果实在无法从中选出合格人选，可以进行外聘。

3. 职业通道

职业通道指的是员工的职业发展规划，这一规划的制订需要领导和员工共同完成，具体方式是：由员工提出自身的意愿和兴趣等，由领导进行评估，并预测其未来的发展空间。有了这一发展规划，企业便能对员工有更加全面深入的了解，且能有针对性、目的性地对员工进行评定考核。而员工也能根据该规划对自己的未来进行清晰明确的职业规划。

4. 职位竞聘

所谓“职位竞聘”，实际上就是公开地争取晋升机会。开展职位竞聘的好处在于能给予所有员工公平的竞争机会，让员工能以自身能力而非领导偏爱进行晋升机会的争夺。但职位竞聘也存在一定缺陷，以这种方式提拔干部，必然会耗费大量的时间和精力。此外，对于那些竞聘失败的员工，领导还必须给予适当的安抚和合理的解释。

无论如何，对于企业和员工来说，公平、合理的晋升制度都具有积极意义，有能力的员工能通过公平的晋升制度获得与其能力相匹配的机会和职位，企业也能择优而录，组建更加强大、更有能力的领导团队。

◎ 付出型员工追求空间

付出型员工乐于助人，渴望成为他人不可缺少的存在，甚至常常因此压抑自己的情绪，忽视自己的内心感受。这类员工乐于奉献，并能在奉献中得到自我满足。他们慷慨大方，将为别人创造价值视为实现自我价值的途径。

对于娱乐业，我最佩服的不是站在舞台上光芒四射的明星，而是那些在幕后默默搭建起光彩夺目的舞台的幕后团队。他们是舞台建筑工程师，是打造偶像明星的智囊团，同时也是最低调的一个团体。在企业中也存在着这样一种幕后团队，就是由我们所说的“付出型员工”组成。他们乐于为企业、他人奉献，哪里需要他们，他们就出现在哪里，任劳任怨，不争名，不夺利。

付出型员工的特点是性情温和，大多比较内向，不苛求他人。对于企业来说，他们如同后勤部队一样，默默奉献，甘心成为企业的螺丝钉。但这种员工通常比较缺乏创造力，习惯按部就班地进行工作，不喜欢改变，对人对事也很少会有自己的看法，属于比较平庸的群体。

虽然付出型员工相比冒险型员工而言，在工作能力方面显得比较平庸，但这并不意味着他们对企业缺乏贡献。企业如同一台机器，除了控制机器运行的核心组件之外，也不能缺少那些看似作用不大的螺丝钉，一台机器只有每个零件都完好无缺，共同发挥职能，才可能正常进行运转。企业同样如此，既需要才华横溢的佼佼者，但也不能缺少愿意在上级安排下认真做事，一板一眼地按照规章制度开展工作的付出型员工。

此前说过，付出型员工渴望为他人牺牲奉献，在这种牺牲奉献中，他们往往能得到一种自我满足。这实际上也透露出他们缺乏自信，因为缺乏自信，缺乏自我认同，他们往往希望能尽可能多地为别人做事，从别人的需求中寻求认可并肯定自我。作为领导，对这类员工应该多加鼓励，帮助他们培养自信。

由于付出型员工缺乏主见，因此在安排工作时，这类员工是否能发挥出最大职能，往往取决于领导的安排是否恰当。有人说过："宝贝放错了地方，就可能变成废物；即使放对了地方，却不能好好加以利用，那么同样还是废物。"每个员工都有自己的优势，重要的是所处的位置是否有利于发挥出优势。尤其是付出型员工，要想激发出他们的潜能，最大限度地开发他们身上的价值，最重要的是要能为他们提供一个适合发展的平台，这是企业领导必做的工作之一。

我曾看过这样一则寓言故事：

蜻蜓、青蛙、蜘蛛和壁虎在一个大庄园里工作。夏天晚上蚊子很多，吵吵嚷嚷不说，还叮咬庄园的主人，主人勃然大怒，就把蜻蜓、青蛙、蜘蛛和壁虎它们四个叫来，吩咐它们赶紧处理掉这些讨厌的蚊子。

接到命令之后，蜻蜓、青蛙、蜘蛛和壁虎赶紧聚集起来商讨对策，并进行了分工：壁虎和蜘蛛负责后院池塘边上的蚊子，蜻蜓和青蛙负责卧室里的蚊子。

分工完后，它们立即展开了工作。壁虎和蜘蛛到了后院池塘边准备干掉蚊子，但壁虎它不会游泳，一看到水就害怕，担心一不小心掉下去淹死。蜘蛛胆子稍微大点，一步步靠近水边结网捕捉蚊子，但没想到网还没织完就被水浸坏了，蜘蛛反反复复织了几次也没成功。于是，壁虎和蜘蛛只能干瞪眼看着蚊子肆无忌惮地飞来飞去。

蜻蜓和青蛙也遇到了困难。虽然蜻蜓和青蛙一上一下想从地面和空中对蚊子进行封锁，但蚊子实在太聪明，藏在房顶的角落里，让青蛙和蜻蜓无计可施。

看到蜻蜓、青蛙、蜘蛛和壁虎这么没用，庄园主人大怒，大骂它们一顿之后，把它们赶了出去，于是它们四个就失业了。

蜻蜓、青蛙、蜘蛛、壁虎本来都是捕捉蚊子的好手，但它们捕捉蚊子的行动全都归于失败，为什么？因为它们没能找准自己的定位，没能站在适合自己发展的平台，因此无法将自身具备的本领完全发挥出来，反而白忙一场，做不出任何成绩。试想，如果他们调换一下工作安排，由游泳好手青蛙和飞翔好手蜻蜓到河边工作，而让善于结网爬墙的蜘蛛和壁虎到卧室工作，那么必然不会是这样失败的局面。

企业里的员工其实和蜻蜓、青蛙、蜘蛛、壁虎它们一样，本身都各具特长，而这些特长是否能得到恰当的发挥，则在于他们是否能找到一个适合自己的工作岗位。作为企业领导人，当你觉得自己手下的员工毫无亮点、毫无长处时，或许应该想一想，究竟真的是他们无才可用，还是他们缺少适合发挥职能的平台？大多数时候，企业缺乏的并不是人才，而是慧眼识人的伯乐。

付出型员工是企业中最不起眼的群体，同时也是企业中最踏实肯干的群体。他们乐于奉献，甘于吃苦，堪称企业工作任务的“清道夫”，那些乏味烦琐、无人问津的工作，几乎都是付出型员工在一手包办。他们是企业不可缺少的组成部分，但同时又是最容易被管理者忽略的一个部分。

对付出型员工，我们应该给予更多的关注和激励，只要拴住他们的心，就能让他们为企业奉献最大的忠诚和努力。给予付出型员工最大的激励，能帮助他们寻找到自己适合的位置，让他们能拥有自己的职业发展空间，为企业贡献出最大的力量，当这种贡献变得切实可见时，他们就能从中获得最大的满足感。

◎ 成就型员工追求肯定

成就型员工往往性格外向、主动，擅长交际，渴望事业有成，得到别人的关注和认可，他们相信有志者事竟成，坚定不移地追求成功。追求成功，获得社会认可是他们实现人生价值的方式。这类员工通常会成为工作狂，为声望、财富和成功而牺牲个人家庭生活。

作为企业领导，成就型员工无疑是我最喜欢的一个类型，因为他们通常都是工作狂，愿意将生命的大部分时间投入到工作上，并且雄心勃勃，在追求成功的道路上坚定不移，这样的人总能为企业创造奇迹。

荣誉、声望、地位、事业成功，都是工作狂所追求的东西，通过获得这些，他们能得到莫大的满足感，这也是他们实现人生价值的一种方式，同时也是一种寻求肯定的方式。

成就型员工本身就是在事业方面积极进取的人，给予他们适当的激励，往往能收获十分可观的回报。而成就型员工的“激励点”也可以说是所有类型员工中最明显，最直接的。

1. 公开表扬是对成就型员工最直接的肯定

赞美和表扬可以说是对员工最直接的肯定。赞美是一门管理艺术，任何一名合格的领导人都要懂得在恰当的时机运用这门艺术。而公开表扬则是这门艺术中最激励人心的一种方式。在公开场合对某些表现优秀的员工提出表扬，不仅能对员工的贡献做出最大肯定，也能提升员工的荣誉感与地位存在感，进一步促进其工作的动力。

成就型员工在工作上最大的追求就是别人的认可和赞许，因此，当这类员工取得一定成绩时，企业领导在公开场合对其进行褒扬，无疑是对他们最直接的肯定。但公开表扬同时也存在着一个问题，那就是很可能会引起他人的不满和嫉妒，导致其他员工士气降低，激化企业内部矛盾。因此，在进行公开表扬以激励员工时，一定要注意以下四个细节：

（1）表扬要有依据

公开表扬员工时，领导要做到有理有据，通过具体的事例和显而易见的成绩进行褒扬，以使其他人心服口服，无可挑剔。

（2）切忌褒此贬彼

有些领导在公开表扬优秀员工的同时，往往习惯对其他员工顺带进行“批评教育”，这实际上是非常不可取的做法。当你在表扬某名员工时，往往已经对其他员工造成了一定的心理压力，如果此时再对其他员工进行批评教育，则如同在这些人的伤口上撒盐，不仅不能激励他们，反而可能伤害到他们的自尊心，从而激化员工内部矛盾，瓦解企业的凝聚力。

（3）适可而止，把握分寸

在公开表扬特定员工时，一定要顾及其他人的想法和感受，懂得适可而止。不管你对该员工有多么喜爱，也一定要注意分寸，考虑其他员工的心情。此外，在对个别员工进行表扬之后，也可对整体员工进行表彰和感谢，毕竟无论任何成绩，都不可能只仰赖于个人的努力，集体的贡献也是管理者不能忽视的。

（4）不以个人好恶评定员工

人都有自己的好恶，作为领导，自然也有自己较为偏爱或亲近的下属。在表扬员工时，领导一定要切记，必须坚持公平公正的原则，不能只凭自己的好恶，区别对待员工。

2. 让成就型员工感受到自己的重要性

人在群体中的地位，直接反映了他的荣誉、名声以及他人的认可程度。因此，无论任何人，都希望自己能在群体中占据“一席之地”。

人性是一种非常有趣的东西，当你将一个人放置在不同的地位上时，他也会根据自己所处的地位和阶级呈现出不同的一面。因此，当你希望一个人变得高尚时，你要做的是将他置于崇高的地位。当你希望一个人认真负责时，你要做的是先给予他一定的权力。

对员工的激励也是如此，当你希望员工工作认真努力，提高工作积极性时，不妨给予他一定的地位，这种地位将会带给他自信、骄傲以及一种发自内心的责任感。

我们在这里所说的“地位”，指的并不一定是实实在在的职位，也可以是一种头衔，这个头衔虽然不是实实在在的职位，但它是一种对员工在群体中的重要性的肯定。比如，当你想给予一名优秀的技术人员激励时，你可以对他说：“你工作认真负责，技术一流，可以说是公司的中坚分子，希望你能指导并带领他们好好干！”

这种“赞美”实际上是虚化的头衔，并没有给予该员工实实在在的利益承诺，但肯定了该员工在所有员工中地位的特殊性和重要性，这无疑是对他最大的肯定与激励。

地位不仅是一种认可，也是一种荣誉，更是一种尊敬。每个人都渴望得到别人的认可，在群体中拥有属于自己的特殊地位。企业领导如果能利用这一点，就能不费吹灰之力，给员工带来无穷的动力和激励，让其为企业创造更大的价值。

3. 向成就型员工请教问题是对其能力的最大赞美

在职场中，管理技术人员的领导并不一定要拥有精湛的技术，管理生产线的领导也并不一定要对生产技术了如指掌。每个人都有自己的特长，也都有自己的不足，即使身居高位，也不代表能面面俱到、无所不知。

在面对专业问题时，领导应该端正自己的心态，养成不耻下问的学习态度，放下领导的架子，在遇到不明白的问题时，谦逊地向员工请教。这样不仅能积累更多的知识和经验，同时还能拉近与员工的距离。更重要的是，这样意味着在无形之中对员工的能力进行了肯定和赞美，能给予他们极大的激励和满足感。

孔子曾说过：“三人行，必有我师焉。”任何一个成功的人，都是通过一步步的学习和积累完善自己的，但凡是优秀的管理者，大多是待人谦和、虚心学习的典范。

无论职位高低，无论财富多少，每个人身上都有值得别人学习的长处，永远不要为向比你职位低的人请教问题感到羞耻。身为领导，一定要有宽广的胸怀。

◎ 完美型员工追求进步

完美型员工一般个性严谨，坚持原则，追求高尚，自我要求也高，始终脚踏实地，不断追求进步，做事喜欢井井有条，对工作力求完美，追求高质量的工作成果，且注重工作效率。但这类员工通常有个缺点，就是自视甚高，喜欢批评别人。

在企业中，能提供高质量工作成果的顶尖人才，通常都是完美型员工，这类员工属于完美主义者，在工作上精益求精，因此个人能力基本上都比较突出，但也可能因为过分追求完美而无法按计划完成工作进度。在人际关系方面，完美型员工通常都表现欠佳，属于孤僻难相处的“天才”。

在跟完美型员工打交道时，很多细节都是应该注意的，否则你很可能撞在了他们吹毛求疵的枪口上。

第一，从价值层面来说，完美型员工属于企业的“宝贵财产”，他们往往可能是企业顶尖技术水平的代表，因此，对于这类员工，领导应该给予足够的重视和尊重。

第二，完美型员工往往都比较敏感，很容易受到外界影响，尤其是在接受批评时，非常容易受到伤害，从而陷入负面情绪，工作积极性降低。所以说，当领导要对完美型员工批评教育时，应特别注意语气措辞，以免影响员工的工作成效。

第三，在跟完美型员工沟通时，一定要有条不紊。对于粗心大意、邋遢混乱的人，完美型员工向来无法忍受。因此，作为领导，如果你希望征服手下的完美型员工，让他们死心塌地跟随你“打江山”，你一定要注意，在管理他们时，尽可能表现出你井井有条、逻辑性强的一面。

第四，完美型员工虽然对工作精益求精，但往往也可能因此而导致工作时间延长，不能按时递交成果，给企业造成损失。对于这一情况，领导应该予以重视，在对其工作态度和能力进行肯定的同时，也要指出其在时效把握方面存在的不足。

第五，领导在完美型员工面前，一定要注意自身形象，随时保持整洁有礼，这样才不会引起该类员工反感，减少接近及管理他们的阻力。

大部分人对职业的期许都集中于薪资多少和职位高低两个方面，但完美型员工却不同，他们对于职业的期许往往关乎自身的进步。也就是说，完美型员工选择公司时，更多考虑到的，是该公司能带给自己多少进步空间，能给予自己多少学习进步的机会。因此，企业如果要想网罗完美型员工，让他们死心塌地地为企业奉献忠诚，就要树立起“经营即教育”的理念，关于这一点，可口可乐公司堪称行业典范。

众所周知，可口可乐公司是全球最大的饮料公司，该公司的员工流动性、流失率很小，工作热情极高。可口可乐公司的一名员工对此曾经这么解释过：“好的公司自然能留住员工，我们为公司创造价值，同时也拥有了一个实现自己价值的平台，这让我深刻地感受到，我不仅是在为公司工作，同时也是为自己工作。”

可口可乐公司之所以能获得员工的忠诚和支持，一直在世界同行业激烈的竞争中屹立不倒，离不开他们对员工培训的高度重视、对员工的辛勤培养。

可口可乐公司的培训制度非常完善，分为低、中、高三级。其中对低层员工的培训主要在于专业技能训练，培训内容非常丰富，目的在于向员工提供新领域的知识和技能，让他们达到晋升条件提出的要求。对中层员工的培训主要侧重于管理，在培训中表现优秀的人将有机会接受培训。而对高层员工的培训则主要是在总部培训发展小组所制定的项目。

可口可乐公司正是依靠这种具有明确针对性、完整性的培训，让员工不断进步，在为企业创造更大价值的同时，也实现了人生价值。

我们可以看到，可口可乐公司之所以能留住员工，最主要的原因在于，他们在为员工提供一份工作的同时，还促进了员工的成长和进步，这样不仅促进了企业的发展进步，同时也让员工受益终生。

在现实中，很多企业的管理者也都希望自己的员工能定期接受培训，提高业务能力，以便更好地为企业服务。但同时他们又担忧，如果企业在耗费资金对员工进行培训之后，员工带着一身技能离开，就会给企业造成更大的损失。的确，这是一个非常矛盾的问题，但换个角度来说，如果企业连留住员工的自信和底气都没有，那么只能说明企业自身存在问题，不能满足员工的期许和愿景。

在对员工展开培训时，领导要注意遵守以下几个原则：

1. 重视岗前培训，激发员工的工作热情

岗前培训是引导员工迅速进入工作状态的重要方式，在新员工进入企业后，对其进行定向的岗前培训，不仅能帮助新员工熟悉业务，还能激发员工的工作热情，同时能让员工对企业的情况和文化内涵有所了解，并为自己设定未来的职业目标。

在岗前培训中，企业应该着重向新员工介绍企业情况，比如企业文化、企业的经营理念、企业的短期及长期发展目标等等，让其对企业形成全面的认知。

2. 重视员工诉求，制订合理的培训方案

培训的主要目的，是为了让参与培训的员工在知识和技能方面有所提高，因此，在培训内容的选择方面，我们应该充分考虑到员工的需求，在了解员工的需求后制订培训方案。

比如，在培训新员工时，我们主要目的是让新员工在进入企业之初，对企业情况有一个清晰的认识，同时进行业务水平方面的训练，以使其能迅速投入工作。而这些培训内容显然不适合老员工。因此，在制订培训方案时，领导应该对员工的诉求予以重视。

3. 重视培训多样化，激发员工的兴趣

在组织员工培训的过程中，为了让员工保持兴趣和新鲜感，在制订培训方案时，应该进行多层次、全方位的思考。

培训的形式多种多样，每个培训细节都能有所创新和改变。为了确

保培训的多样性和趣味性，领导可以考虑多种不同形式组合的方法进行员工培训。比如举办讲座、员工分享个人从业经历、观看相关影视作品以及员工“一对一”谈话辩论等，让培训生动有趣，充满惊喜。

4.重视员工发展目标，培养员工的主人翁意识

在对员工进行培训时，应对员工进行适当引导，将其个人发展目标与企业发展目标进行结合和统一，让员工有这样的意识：努力工作不仅是为公司实现发展目标努力，同时也是为实现个人发展目标努力。只有当这一意识得到深化以后，才能激发员工对企业的责任感和主人翁意识。而要做到这一点，就要求企业领导能成为员工的向导，并将这一认知潜移默化地传递给员工。

◎ 忠诚型员工追求信任

忠诚型员工具有极强的团队意识，做事小心谨慎，不轻易相信别人，但迷信权威，喜欢群体生活，且安于现状。忠诚型员工愿意对团队付出自己的忠诚，同时也极度渴望被信任和被接纳，融入团队以及与他人所建立的亲密关系往往能满足他们内心对安全感的需求。

在人际交往中，我们往往容易根据与他人的亲疏关系来判断是否接受他人的某些观点及立场，甚至可能因为关系亲密而对对方的某些缺点或观点上的缺陷视而不见。在心理学上，这种现象被称为“自己人效应”。在职场中，“自己人效应”也无时无刻不在影响着每一名职场人士，尤其是在企业中的忠诚型员工身上，该效应更是体现得淋漓尽致。

忠诚型员工在职场中属于脚踏实地、努力工作，并且乐于进行团队

合作的人，但这些特质并不意味着他们容易相处。忠诚型员工与付出型员工存在着根本上的区别，虽然他们乐于与别人协作，但这并不意味着他们是好相处的老好人。忠诚型员工非常容易根据个人的情感以及对自我、对外界的认知来做出决定，他们往往迷信权威，崇拜权威，心甘情愿成为权威的追随者。但同时，他们的性格中又掺杂着怀疑和提防，习惯与他人保持一种安全距离，极为在意别人对自己的看法，因此，要想赢得忠诚型员工的信任殊为不易。然而，一旦你赢得他们的信任，他们将会成为你最忠诚的追随者。

忠诚型员工在人际关系方面缺乏安全感，他们主动却又保守，怀疑却又忠诚，这实际上都暴露了他们渴望被他人接纳，信任，并且成为团队一员的需求。根据这一特性我们会发现，他们具备成为领导的“心腹”和“铁杆粉”的潜质，而要想赢得这类员工的忠诚，最有效的方式无疑是让他感受到你对他的看重和信任，以及无时无刻的关怀，跟你建立一种亲密的上下级关系，以满足他们内心对安全感的需求。

下面跟大家分享一个古代的故事，相信你一定能从中受到启发：

战国时期，魏国国君魏文侯派遣大臣乐羊带兵征讨中山国，但乐羊的儿子乐舒效力于中山国，因此，魏文侯的决定遭到了群臣反对，他们一致认为，如果让乐羊去与自己的儿子作战，他一定会顾虑重重、手下留情，不能竭心尽力。但魏文侯不以为然，力排众议，坚持派遣乐羊出兵征讨中山国。

乐羊率军抵达中山国后，根据敌我双方的实力对比形势，决定采取围而不攻的策略，一连几个月都没有动过一兵一卒。魏国得知后，满朝文武一片哗然，诸多大臣相继上书弹劾乐羊，认为他心存顾虑，不想与儿子兵戎相见，有意拖延时间。奏章堆得如山高，但魏文侯看都不看，也没有派人责问乐羊为何迟迟没有行动，反而让人带着礼物到前线犒赏三军。如此一来，朝中舆论更加激烈，认为这样只会导致乐羊更加有恃无恐，但魏文侯依旧如故，甚至下令给乐羊建了一座豪华的别墅，以表示对乐羊的信任。

事实证明，乐羊的攻城计划是正确的，他率领魏军以最小的伤亡代价成功拿下了中山国。当乐羊率军凯旋时，魏文侯为他大摆庆功宴。在宴会上，魏文侯命人把一个密封的箱子赐给乐羊，乐羊打开一看，箱子里装满了弹劾他的奏章。看到这些，乐羊大为感动：原来魏文侯一直对自己深为信任，不为谗言所动。从此乐羊对魏文侯更加忠心耿耿，辅佐其成就了魏国霸业。

在这场战争中，乐羊的处境可以说非常尴尬，从人伦情感方面来说，没有任何人愿意与自己的儿子短兵相接，即使当初魏文侯因为乐羊的身份而撤回命令也情有可原，但魏文侯心里很清楚，这样一来，乐羊将会感觉到他的不信任，而这种不信任将会让他失去一个忠心耿耿的臣子。后来当乐羊围而不攻时，如果魏文侯对他的信任发生动摇，采纳群臣的意见，指责他迟迟不战是因为心念父子之情，很可能会伤害到乐羊，让他认为这是魏文侯不信任自己，可能倒戈相向。

在这个过程中，魏文侯的心里难道不曾产生过怀疑，不曾动摇过吗？我看未必，魏文侯对乐羊的信任很可能产生过动摇，魏文侯也很可能怀疑过自己的决定是否正确，但他非常聪明，也深谙人心。他知道，无论自己的心里对乐羊有多么怀疑，也绝对不能表现出分毫，在那样的情况下，他唯一能做的，就是对乐羊表示信任和支持。事实也证明，魏文侯的决定是正确的，乐羊并没有辜负他的信任，并用一生一世的忠诚来作为回报。

中国有句古话叫“用人不疑，疑人不用”，作为领导，充分信任自己的团队和员工是迈向成功的第一步。没有任何人会愿意为一个怀疑自己的人卖命，极度缺乏安全感的忠诚型员工更是如此，怀疑和督促只会将他们越推越远，而如果你反其道而行之，对他们委以重任，表现出百分之一百的信任，反而更能激发他们的斗志，获得他们的忠诚。

信任无疑是企业最好的投资，但同时，企业管理者也应该明白，信任绝非无条件的，毫无根据的信任往往可能为你带来灭顶之灾。在管理中，可能存在不信任的监督和控制，但绝不可能存在完全没有基础的信任。作为领导，要想激励员工，赢得他们的忠诚，调动他们工作的积极性，信任确实不可缺少，但同时，领导也绝不能丧失应有的警惕，毕竟人心隔肚皮，你永远不知道对一个人的信任究竟会让你获得丰厚的回报还是灭顶之灾。

英国巴林银行对驻新加坡分行的里森倾注了绝对的信任，而这种信任带来的结果，是整整三年来的假账和巨额亏损，最终，巴林银行不得不宣告破产。

可见，职场中的信任并不是全无条件的，适度的监督和跟进必不可少。但在监督跟进时，领导要注意两个重点：一是跟进要及时，及时跟进工作进度，才能在第一时间发现工作障碍，采取相应措施，保证工作得以顺利进行；二是要注意适度，适度地跟进表明你对该项工作的重视，但如果超过某种程度，则容易让员工认为你对他缺乏信任。领导要明白，在跟进工作进度时，你需要做的是给予员工鼓励，让员工将执行的结果落到实处，而不是事必躬亲，处处掣肘，对员工指手画脚。

适度的监管和跟进是领导对工作重视的表现，也只有在健全的制度监督下，信任才可能成为维系领导与员工的良好纽带，领导也才可能真正做到放心用人、用人不疑。

◎ 活跃型员工追求快乐

活跃型员工为人热情，喜欢追逐潮流，相比工作上的成就和报酬来说，他们更喜欢精神上的快乐和满足。这类员工往往精力充沛，追求新鲜，熟悉玩乐的事情，且乐此不疲，但抗压能力欠佳。所以，轻松快乐的工作氛围往往比高薪和权力更吸引他们。

不同的人对工作的期许和愿景不同：有的人追求成功，有的人追求薪资，也有的人更看重工作带来的快乐。这种在工作中更看重个人情感体验、追求快乐的员工，就是活跃型员工。这类员工具有十分鲜明的特点：外向乐观、喜爱交际，甘愿做同事的开心果。他们的工作的态度通常很放松很随性，在晋升方面缺少企图心，但同时又极具表现欲，有时表现得口无遮拦。

活跃型员工与成就型员工完全相反，“工作狂”这三个字与活跃型员工从来没有交集，他们始终信奉一种观点：工作只是为了更好地生活。因此，他们几乎不可能将生命中的大部分时间投入到工作中，而是会尽可能地享受或安排自己的私生活。虽然活跃型员工不可能为工作奉献一切，也不可能将自己大部分的生活重心和精力放到工作中，但他们灵活的头脑和活跃工作氛围的能力也让他们在企业中占据了不可取代的地位。

活跃型员工的追求和特质决定了他们较差的抗压能力，面对困境和压力时，这类员工往往容易感到挫败，从而陷入负面情绪之中，甚至逃避问题。在他们看来，无论多么可观的薪酬和前景，都不如轻松快乐重要。因此，比起大多数人看重的物质报酬来说，轻松快乐的工作氛围、充满人文关怀的企业文化，往往才是吸引活跃型员工的关键。

美国凯姆朗公司创立之初只是一家小规模的服务性公司，只有五名员工、两辆汽车，主要承接为住宅提供草坪修剪、喷药的业务。但15年后，这家的公司达到了三亿美元的营业额，堪称商业界的奇迹。凯姆朗公司之所以能取得如此之大的成功，离不开员工对企业的付出和忠诚，那么凯姆朗公司究竟是凭借什么留住员工的呢？这就要说到该公司对员工的人文关怀。

凯姆朗公司老板杜克是一个很和气的人，在员工面前从来不摆架子，从公司创立之初开始，杜克就一直对员工关怀备至。为了避免员工饿了没心思工作，他会亲自给员工准备点心，甚至员工生病时他也会亲往探望。有一次，一名员工在工作时深受飞来飞去的苍蝇骚扰，抱怨苍蝇让人心神难安，这话恰好让杜克听到了。当天晚上，杜克点上蜡烛，在办公室里抓苍蝇抓到深夜。这件事让员工得知后大为感动，没想到老板这么为员工着想。

杜克曾向员工做出承诺：即使整个行业都不景气时，本公司也绝不会轻易裁员。

一次，一名刚进公司不久的新员工的父亲去世了，杜克得知此事后，二话不说，带着公司上下所有人一起帮忙为该员工的父亲准备葬礼，甚至在葬礼结束之后，杜克还亲自将该员工的母亲送回家。杜克做的这件事让该员工万分感动。后来，该员工成为公司主管之后，依然对这件事念念不忘。

该员工表示：“在这里，我能感受到一股浓浓的人情味，这份工作让我很快乐。从那时开始，我就已经下定决心，为了老板，即使牺牲生命也在所不惜！”

凯姆朗公司的成功离不开员工兢兢业业的付出和对企业的高度忠诚，而凯姆朗公司之所以能从员工身上获得这一切，离不开老板杜克对员工的真诚和关怀。任何一家企业，其经营的最终目的都是获取利益，成功的管理者懂得在追逐利益的同时，对员工展开“情感攻势”，以饱含真情的人文关怀给予员工心灵和精神上的满足感。

感情管理可以说是企业管理中最活跃同时也最有效的管理方式，领导如果能与员工进行心灵上的交流、思想上的统一，企业团队的凝聚力在无形之中就会得到增强，员工对企业的忠诚度也会有所提升。

员工不是机器，而是活生生的人，但凡是人，都是有感情的动物，都渴望得到心灵和精神上的慰藉与关怀。薪资待遇和晋升福利，都是企业提供给员工的物质条件，这些物质条件能激励员工努力工作，奋勇拼搏；而人文关怀则是领导为员工提供的“柔性”管理，这种管理模式能从情感上维系员工与企业之间的关系，让员工对企业产生情感依赖，从而自觉自愿，不辞劳苦地为企业付出。

《财富》杂志曾经评出过100家最受好评的公司，据调查，在这些公司中，有数十家为员工提供了多种软性福利，比如理发、修鞋以及调解家庭关系等等。这类软性福利让员工觉得企业很有人情味。调查显示，享受到这些软性福利的员工，无一不对此赞不绝口。这种极具人情味的管理方式，能激发员工的主人翁意识，让员工获得归属感，自觉将公司的荣辱看作自己的荣辱，将公司的成败视为自身的成败。

在人文关怀的影响下，公司之于员工的意义，将不仅仅停留在雇用层面，而是成为员工的第二个大家庭，作为“家庭成员”，无论从感情上还是从理性上来说，员工自然都会为自己的“家”奉献忠诚与力量。

无论是大企业还是小公司，都应该重视对员工的人文关怀，尤其是领导，更要懂得以人为本，关爱员工，从细节出发，让员工感受到集体的温暖和工作的快乐，从而激发起员工内心对企业的认同感和集体荣誉感。

1. 不要吝啬微笑，每天都让员工看到你灿烂的笑容

微笑是缩短人与人之间距离最有效也最快速的方式，**英国诗人雪莱曾这样赞美过微笑：“微笑，实在是仁爱的象征，快乐的源泉，亲近别人的媒介。有了笑，人类的感情就沟通了。”**

在企业管理中，微笑并不能替代有效的管理制度，但微笑有超越一切管理制度的威力。在与人交往的过程中，微笑能给人留下谦和、温暖的印象；在管理员工的过程中，微笑能拉近上下级之间的心理距离。作为领导，在面对员工时，不要吝啬微笑。一个灿烂的笑容，能让办公室的气氛变得和谐融洽；一个灿烂的笑容，能驱散人与人之间心灵上的阴霾。

微笑可以说是所有激励方式中最简单、投入也最少的方式，它仅仅需要你的面部肌肉运动。微笑应该发自内心，真挚友好，只有这样的微笑，才能将乐观向上的情绪传递给每一名员工，让他们在轻松愉悦的气氛中工作，为公司创造价值。

2. 除了关心员工的工作，更要关心员工的生活状况

作为企业领导，关心员工的工作进度无可厚非，但同时也应该关心员工的生活状况。员工的生活情况直接影响着员工的工作情绪，从而影响员工的工作效率和工作质量。

美国惠普公司一直奉行“拒绝工作狂”这样一种工作理念。在公司

看来，工作只是工作，不应该影响家庭失衡。

在惠普，无论工作任务多么繁重，领导都不会让员工在周末加班。平时工作日，一到晚上七点，领导就会催促员工赶紧下班回家。领导认为，员工的休息时间和工作时间同样重要，绝不能因为工作而牺牲到私人的生活时间。甚至在某些时候，惠普的领导宁愿牺牲工作时间，以满足员工的某些愿望。比如在工作日，如果一个员工特别想看某场电影，领导会准许其告假，以偿其心愿。在领导看来，当员工心中渴望做某件事时，如果不让他去，他在办公室里很难静下心来，这样就会影响工作效率。倒不如让他去做想做的事情，做完了，再回来工作就能全情投入，效率高得多。

3. 为员工提供舒适的工作环境和工作条件

工作环境和工作条件直接影响到员工投入工作时的情绪和心态，在良好的环境中工作，心情自然也会更加舒畅，心情舒畅，工作效率才能提高，也才可能创造出优秀的工作业绩。追求快乐的活跃型员工尤其看重工作环境和工作条件，优越的环境总能使人神清气爽，心情愉悦。

现如今，很多领导都已经意识到了工作环境对员工工作效率和成绩的重要性，但可惜的是，对于如何衡量工作环境的优劣，目前依然没有一个量化的标准。在这里，我将和大家分享一下我的个人经验：

环境要素一：温度

人体的健康温度应该维持在37℃，过高或者过低都可能引发身体不适或影响情绪。而在办公室中，让员工感到舒适的温度，应该维持在18℃~21℃之间。

环境要素二：相对湿度

空气过于潮湿时，人容易变得困顿乏力，精神难以集中；而如果空气过于干燥，则容易引起感冒和喉咙痛等病症。因此，办公室的相对湿度直接影响着员工的工作效率，最令员工感到舒适的室内湿度应该保持在40%~70%之间。

环境要素三：噪声

噪声过大，会对人的生理和心理产生不良影响，降低员工的注意力，影响员工工作。正常情况下，噪声应该保持在40分贝以下。

环境要素四：光线

光线主要分为自然光和人造光两种，而最让人感觉舒适的，显然还是自然光。因此，在办公室内，应尽量保证采光自然，尽量减少窗户区域的遮挡物。但也要注意，即使是自然光，也要注意控制光线强度，比如正午时分，阳光强烈时，就应避免光线直接照射到办公区域。

环境要素五：通风情况

在封闭的环境中，由于缺少新鲜空气的流通，员工很容易陷入头昏脑涨的缺氧状态，因此，在办公室里，应该尽可能地保证空气流通；如果确实无法达到通风条件，可以考虑采用空气净化装置等作为辅助。

环境要素六：绿化情况

绿色植物能缓解人在工作中的紧张情绪，同时也能让办公环境更加美丽、舒适。因此，可以考虑在办公室里多摆放一些绿色植物。

◎ 领袖型员工追求权力

领袖型员工通常极具正义感，喜欢发号施令，独断专行，很难听从别人的意见，渴望控制大局，手握权力。这类员工个性独立自主，深信求人不如求己，因此往往会注重自我能力的增值。他们坚强刚直，尊重强者，同时又喜欢自愿充当弱者的保护人。

领袖型员工是企业中最具有管理素质的人才，他们具备煽动舆论的力量，同时又是领导团队做事的“领头羊”。这类员工是天生的领袖，同时也将成为企业重点培养与提拔的储备干部群体。

在与这类员工交往时，我们不妨适当下放权力给他们，在培养他们成为企业新生代主要管理力量的同时，也方便对其各方面的能力做出评价考核。概括起来，大致包括以下几个方面：

1. 激发领袖型员工的主人翁精神

有这样一则故事：

一位新郎娶亲，带着新娘走进自家院子时，新娘突然看到一只老鼠从墙角跑过，就半开玩笑地对新郎说：“你们家真富贵，还养得起老鼠呢！”新郎笑着说：“对啊，而且我家的老鼠还养得很肥。”

当天晚上半夜，新郎被房间里“啪啪”的声音吵醒了，睁开眼睛一看，原来是新娘在拿着扫帚追打老鼠，一边打一边说：“打死你！让你偷我们家粮食！”

这个故事很有趣，拜堂之前，新娘看到老鼠并不会感到心疼，因为那是“你们家”，但拜堂之后，一切就都变了，“你们家”变成了“我们家”，这意味着老鼠造成的损害关乎“我”的利益，那就不能接受了。

当然，这个故事是虚构的，但也能折射出当下企业中一个普遍存在的问题：员工缺乏归属感和主人翁的心态。

在现实中，将企业当作“你们家”的员工非常多，对于他们来说，企业的利益得失与他们的利益得失是没有关系的，因此在工作中，他们总是得过且过，能躲则躲，极度缺乏责任感，抱着当一天和尚撞一天钟的消极心态。

这样的心态实际上与那位新娘在拜堂成亲之前如出一辙，说到底就是缺乏主人翁心态的结果。因此，作为领导，应该注意培养激发员工的主人翁精神，让员工从心底里认为，自己是企业的主人，从而自觉地为工作负责，以全新的精神面貌投入工作之中，创造一个全新的、和谐双赢的局面。

在激发员工的主人翁心态时，领导可以参考以下的一些步骤：

（1）树立公司即为“家”的理念

家是一个充满温情的地方，它既是人的避风港，同时又是人们坚决守卫的乐土。

在现代企业管理中，无数优秀的企业都在向员工灌输一个理念，即“公司就等于另一个家”，而在这个大家庭中，上自老板，下至普通员工，都是不可或缺的成员。这样的理念一旦成功根植于员工心中，就将公司的利益得失与员工个人的利益得失相联系了起来，从而激发员工作为“家庭成员”的主人翁心态。

（2）对员工进行“情感投资”

当然，要使员工认同公司为“家”，上级同事都是“家人”的理念，单靠嘴上喊喊口号是不够的，更重要的在于喊口号的背后，公司和领导是否能让员工感受切切实实的归属感，以及“家庭”带来的温暖。而这，就涉及公司以及领导对员工所进行的“情感投资”。

情感投资的方式多种多样，比如定期地进行员工家访，或者不定期地组织员工活动等，其目的都在于拉近员工与企业之间的关系，增强公司凝聚力，让员工从心底感受到公司的人文关怀。

（3）培养员工爱岗敬业的理念

员工的命运与企业的兴衰之间有着不可分割的紧密联系，企业发展兴盛，员工自然生活无忧。企业濒临破产，员工的日子恐怕也不会好过。领导应该让员工充分认识到这一点，并引导他们建立起爱岗敬业的理念，与企业荣辱与共，从心底去关心企业的发展情况。一旦这一理念根植人心，员工就能自觉自愿地承担起推动企业不断创新和发展的重任。

2. 让领袖型员工适度参与公司决策

对于领袖型员工来说，真正对他有吸引力的，不是丰厚的报酬，而是能参与到公司管理层的机会。

领袖型员工非常享受站在队伍前方的感觉，他们渴望权力，渴望成为团队的领导。针对这一特质，我们可以考虑让他们适度参与公司的某些决策，一方面，这种“放权”的方式必然会对他们产生极大的激励，促使他们更加愿意为企业奉献；另一方面，我们也能借由适度的放权对这些员工进行考察，从中挑选出未来企业的领导班子。

此外，让员工适度参与公司决策还能集思广益，让众多精彩的想法在头脑风暴中碰撞出精彩的火花，迸发出不同寻常的灵感。

3. 全员参与性的管理方式

为了培养员工的责任感，领导不妨考虑，让每一名员工都切实参与到企业管理中来，让员工能与领导处于平等的位置，共同研究探讨企业中发生的重大问题。这样的方式更有利于促进领导与员工之间的交流合作，领导将能更加直观地了解到员工对于公司政策管理的种种感受，而员工也能及时向领导进行意见反馈。

根据日本和美国公司的调查统计，在展开这种“全员参与”的管理方式之后，员工的工作积极性显著提高，促进了经济效益的大大提高，一般来说至少达到了50%以上，甚至更多。

为什么让员工参与企业管理能有如此显著的效用呢？

实际上，让员工参与企业管理，这是一种无形的信任表现，也是一种对员工能力的肯定，可以让员工感觉自己确实是企业的主人翁之一，在某种程度上满足了实现自我价值的需求，从而提高了工作积极性，并激发了对工作的责任心。

第三章
八种基本激励法

管理是一门艺术，用各种各样不同的方式来激励员工，正是这门艺术最好的表现形式。事实上，那些真正高明的管理者每个人都有自己的一套激励方法，而我们所要做的，就是汲取其中的精华，并将其应用到日常的管理中去。

◎ 角色激励

一次，某足球队在集训结束之后，教练把林某叫到了自己的房间，对他说："你是我们足球队的老队员了，在很长一段时间里担任过队长，但现在，情况和过去已经不一样了。XX和YY是现在最好的中卫，你只能做他们的替补。这样的情况我也不想看到，但这就是目前的现实。即使如此，我还是希望你能带个头。当然，如果你不愿意，没有关系，你直接告诉我，下次集训，我就不叫你了。我希望，每一个到队里参加集训的球员，都能把球队的利益而不是个人的得失放在第一位，绝不能因为个人原因对球队造成不良影响。"

在以上案例中，教练与林某的谈话，实际上就是采用了角色激励的技巧。根据这个经典案例，我们可以具体做一些分析。

在这场谈话中，教练一共给林某安排了四个角色：第一个角色是"我们足球队的老队员"，第二个角色是"队长"，这两个角色，是对林某曾经的成绩的一种肯定。教练给林某安排的第三个角色是"替补"，这是谈话的一个重要转折点，从谈论曾经的辉煌业绩，急转直下，说到了眼前非常残酷的一个现实状况。而在残酷的打击过后，教练提出了第四个角色——“带头人”。

其实不难发现，教练此次与林某谈话的主要目的，就是希望他能接受成为第四个角色的“扮演者”。也就是说，之前所安排的三个角色，只是为第四个角色所做的铺垫。

林某曾经是球队的佼佼者，有过非常辉煌的业绩，如果教练直接提出自己的要求，让他起个带头作用，老老实实当替补，林某从心理上肯定无法接受，很有可能直接翻脸走人。教练非常聪明，在谈话之初，他先是肯定了林某过去的成绩，给他戴上了一顶“高帽子”，随即又摆出现状，在前后强烈的反差对比之下，给了林某致命一击。随即，才向林某提出了自己内心真正的想法和建议，并表达了对他依然抱有的希望和信任。

最后，教练又向林某表示，接不接受建议是林某的自由，但实际上，在这个时候，林某的内心防线已经被教练攻破了，教练的建议就如同黑暗中的希望，不由得他不接受。紧接着，在最后阶段，教练又提出了对林某扮演第四个角色的要求——将球队利益放在第一位。此时，已经从心理上接纳了第四个角色的林某，自然也不会再抗拒这一提醒。

不得不说，教练的角色激励艺术确实运用得炉火纯青。

所谓“角色激励”，也叫“责任激励”，实际上就是通过引导被激励者，让他正确认识到自己所扮演的社会角色，或接纳新的社会角色，从而承担起相应责任的一种方式。

在这个社会上，每个人都在扮演不同的社会角色，而在扮演社会角色的过程中，无论心理还是行为，都会受到相应的影响和制约。这其实就跟演戏一样，生活就是你的大舞台。不管你“扮演”的是什么角色，你有责任和义务去演得“像”。比如你的社会角色是某个国家的公民，那么你就必须受到这个国家的规章制度和法律法规的制约，一旦有所逾越，必然会受到相应的惩罚；再比如，你扮演的社会角色是一名士兵，那么军队的军法军纪就是你的“限制”，一旦突破这种“限制”，就必然遭到指责。

很多时候，人所扮演的社会角色都在不断变化，要扮演好相应的社会角色，就必须正确地认识自己，对自己所处的地位有清晰明白的认识。比如林某，如果没有教练教练的引导，让他认识到自己球队角色的改变，那么他必然不可能去接受从“天之骄子”直接坠为“替补”的命运。

人不能承担与自己所处地位相符的责任和义务，往往是因为不能正确理解定位自己所扮演的社会角色的变化。某广告公司曾经的金牌广告人老张就是如此。

老张进入广告界之后成功策划了多个宣传方案，几乎横扫了广告界大大小小的奖项，堪称广告界的传奇，但传奇也有过气时。慢慢地，老张的想法和点子都无法跟上时代的步伐，老张就这样从炙手可热的金牌广告人变得无声无息，广告界几乎已经忘记了他的存在。

但老张自己没有意识到这个问题，他始终陶醉于过去的辉煌之中，自诩为“老前辈”，认为自己应该受到众人尊重和膜拜，于是对新员工颐指气使，在老板面前也没大没小。最终，在公司广大同事们的排斥之下，老板辞退了老张这个曾经为公司带来辉煌业绩的功臣。

老张的情况其实和林某非常相似，他们都曾成功过，但老张没有林某这么幸运，始终没有一个人站出来，帮助他认清楚自己社会角色的变化。

除了“社会角色激励”之外，角色激励还包括“心理角色激励”。所谓“心理角色激励”，其实很好理解，我举个例子，有句非常著名的话是这么说的——“不想当将军的士兵不是好士兵”，这实际上就是心理角色激励的典型代表。

“士兵”是一个人的社会角色，而“将军”则是一个心理激励角色，实际上也就是为自己设定的一个目标角色。这实际上是在告诉我们，当你所扮演的社会角色是一名“士兵”时，你的心理角色就应该定位为“将军”，让自己习惯像“将军”那样去思考问题，只有这样，你才能不断进步，抓住机会，最终拿下真正的“将军”角色。

哈佛经理学院在教育理念上一直遵循“心理角色激励”，其一贯的教育方法被称为“实例法”，具体做法是让学生在课堂上以“总经理”的身份探讨问题，解决企业在实际经营中存在的问题。而课堂上所提出的这些问题，都是企业的真实案例。随后，学生们提出的解决方案将会与企业在当时所提出的解决方案进行对比，让学生从中受到启发。

显然，学生们所扮演的社会角色并不是“总经理”，但学校已经开始从心理上将他们当作“总经理”在培养，这种心理角色激励的方式，让哈佛经理学院的学生们在进入职场之前，就已经充分具备了“总经理”的思维和能力。而事实也证明，这种教学方式确实行之有效，在培养栋梁之材方面大获成功。

无论是社会角色激励还是心理角色激励，实际上都是在引导被激励者从思维上变换想法，从而更好地去适应这个社会，以更加有益的着眼点和思考方式来规划自己的人生，承担相应的责任与义务。

◎ 目标激励

目标激励与角色激励是一体两面的激励方式。角色激励主要强调的，是该角色所需要承担的责任，即扮演该角色时应该如何去做；而目标激励所强调的，则是在扮演该角色的过程中，应该做到怎样的程度。比如一名短跑运动员，从角色激励方面来看，他应该做到坚持训练，尽最大努力参与比赛；而从目标激励的角度去看，他应该为自己设定合理的目标，并不断努力去实现。

在企业管理中，目标激励占据着非常重要的地位。无论是个人还是团队，都需要目标激励，正如韩国现代集团创始人郑周永先生说的："没有目标作为信念的人是经不起风浪的，而由很多人所组成的企业更是如此。仅以谋生为目的而结成的团队与企业都是没有前途的。"

在进行目标激励时，我们应该注意以下几个关键点：

1. 设定切合实际的目标

高尔夫名将杰克·尼克劳斯球技高超，战绩辉煌，堪称高尔夫球坛常青树。在一次接受记者采访时，尼克劳斯表示，他打好球的秘诀其实只有八个字——"心无旁骛，全力以赴"。他说："当我开始击球时，我的目标就在前方的果岭，我看不到远处的树林，看不到横在某个地方的池塘，也看不到地面上的沙坑。在我眼中，只有那一幅球飞向果岭的景象。"

"球飞向果岭"这一目标正是激励尼克劳斯积极进取的动力。试想，如果高尔夫球取消每洞的标准杆，那么高尔夫球运动只会沦为一种漫无目的地追逐小白球的无聊运动，恐怕也不可能令人痴迷，风靡全球。可见，目标激励的重要性不言而喻。

在进行目标激励时，首先必须设定出一个合理的目标。合理的、切实可行的目标是一种激励，一种督促人们不断进步的助力。但一个脱离现实、几乎不可能达到的目标，只会带给人们巨大的挫败感。

为了保证所设定的目标切实可行，在设定目标时，应该遵照以下几个原则：

（1）目标要明确具体

在设定目标时，一定要具体明确，能由客观条件进行判定目标实现与否。

笼统的目标没有任何意义，因为我们甚至难以衡量该目标是否实现。比如，我们设定的目标是“希望成为更好的人”，这就是一个极其笼统的目标，什么算是“成为更好的人”？根据什么样的标准，我们才知道自己是否实现这一目标？

但如果我们将这一目标变成具体明确的事件，比如“学会弹奏某一首钢琴曲”“背400个单词”等，这样的目标就具有可操作性，也就能督促我们去实现。

在设定具体目标时还要注意，要为实现该目标设立一个时限，不能无止境地持续下去，这样才能避免在实现目标的过程中被惰性征服。

此外，在设定具体明确的目标的同时，也应制订一个具体的行动计划，并在追逐目标的过程中，切实按照计划付诸行动。

最后，在设定目标时，应该制定一个具体的评价系统，根据特定的条件和规范对自己实现目标的情况进行中肯客观的评价。

（2）将目标分为最终目标和阶段性目标

根据不同的目标，实现目标的时限也不尽相同。有的目标所需时限或许只要短短几天，但有的目标所需时限却可能长达数年。

对于短期目标，我们可以直接作为自我激励的动力，但对于长期目标，则应该根据实际情况，细化为阶段性目标，并根据这些阶段性目标做出阶段性的具体计划，一步步完成，直至征服最终目标。

最完美的目标应该是那种具有一定的挑战性，但稍加努力就可能达到的。过于简单的目标没有意义，唾手可得起不到任何激励作用。而过于困难的目标则可能带来挫败感，令人丧失信心。

（3）目标应根据实际情况进行灵活掌控

目标应该是灵活的，设定目标之初，由于缺少对实际情况的掌握，我们很容易会将目标定得过高或过低，而在付诸行动之后，如果发现目标设定存在不合理性，应该立即改正、变通，没必要死守目标，吊死在一棵树上。

我们应该有这样一种观念：目标的设定是为了激励我们成为更好的人，让我们在成功的道路上越走越远，目标是为激励我们，成就我们而服务的。因此，当发现目标不合理或有所偏离时，不必惊慌失措，也不必死守到底，只要进行适当修正即可。

2. 从多层次、多方面设定目标

在设定目标时，为了清晰明确，我们应该从多层次、多方面进行设定。一般来说，目标可以分为以下几个类别：

（1）社会目标

所谓“社会目标”，指的就是在社会上需要达到的具体标准，比如在多长时间内获得学位，或者在多长时间内成功升职等等。

（2）经济目标

金钱是人在这个社会上赖以生存的基础，没有金钱的支持，理想只能是空中楼阁。因此，为自己设定经济目标很有必要。

（3）文化修养目标

知识改变命运，文化修养不仅能为你带来内在灵魂的升华与蜕变，也能让你对这个世界有更深的认识，从而更好地帮助你实现其他目标。

（4）家庭目标

家庭可以说是对于一个人来说最重要同时也是最容易被忽略的东西。为了日后的幸福，在设定目标时，一定不要忘记，留给你的家庭计划一席之地。

（5）健康目标

身体是革命的本钱，无论你想做什么，想达成什么目标，没有健康的身体作为支撑，一切都只能是空谈。

3. 个人目标与团队目标之间的统一

个人的能力始终是有限的，无论在生活中，还是职场中，人只有组成一支团队，才可能获得长久的生存发展，也才可能有力量去实现自己的人生目标与人生价值。而要组成长久稳定的团队，就必须要考虑到一个关键性的问题，即个人目标与团队目标之间是否能和谐统一。

一般说来，人与人之所以能产生协同合作的意愿，组成团队，前提是拥有共同的目标。因此，在组成团队之初，个人与团队之间的目标必然是和谐统一的。但随着团队合作的发展，无论个人还是团队，必然都会产生一些新的认识和想法，这些新的认识和想法很可能导致目标发生改变。

当然，即使团队目标与个人目标之间出现了偏差，也并不意味着不可调和。只要个人目标不会对团队目标的实现构成妨碍和危险，那么在进行合理的沟通之后，依然能保证团队合作继续进行。

无论团队目标与个人目标最终是否能达成统一，在团队合作之中，都要保证信息沟通的顺畅，只有保证信息沟通，才可能将团队成员协调起来，为实现目标而共同努力。

◎ 薪酬激励

薪酬激励指的是企业给予员工的薪资酬劳，包括外在薪酬和内在薪酬两个体系。

外在薪酬包括直接薪酬、间接薪酬以及非财务性薪酬。直接薪酬指的就是企业给予员工的日常工资、加班津贴、绩效奖金以及股票期权等等；而间接薪酬则是企业为员工提供的一些福利，如保健计划、额外津贴等等；非财务性薪酬指的则是企业为工作提供的一些便利，比如舒适的办公环境、免费的停车位等等。

内在薪酬则包括参与企业内部决策、获得个人学习成长机会、较大弹性的工作时间以及工作中所获得的乐趣等等。

大部分员工工作的最基本目的就是为了赚钱，让自己能过上更好的生活，因此，薪酬激励的方式是调动员工积极性的最直接也最有效的方式。

米勒从事石油行业超过20年，经验丰富，是一位不可多得的人才。石油大亨保罗·盖蒂非常欣赏米勒的能力，派他去洛杉矶郊外的油田负责管理工作。

一个星期后，盖蒂前往油田进行视察，却发现米勒正悠闲地坐在办公室里看报纸，该油田一直存在的各种问题也依然没有任何改变。盖蒂很失望，很不快，但还是强压怒火，要求米勒迅速着手处理问题。

一个月后，盖蒂再次来视察，发现油田管理依然没有任何改进，这一次，盖蒂彻底愤怒了，严厉批评了米勒。没想到，米勒非但没有因此感到羞愧，反而不紧不慢地说：“先生，我每天都将手下的工作安排得井井有条，并且保证工作能顺利进行，我的表现已经非常对得起我所获得的酬劳了。”

米勒的话惊呆了盖蒂，他怎么也没想到米勒会这么说。经过一段时间的思考后，盖蒂再次找来米勒，直截了当地对他说：“从今天起，你的薪水将会是此前的三倍。但我希望你能在两个月之内做出对得起这份薪水的成绩。当然，如果你还能做得更好，那么你的薪资同样将会更加理想。”米勒欣然接受了这一许诺。

之后，米勒一改常态，开始全心投入工作中，几乎每个环节都事必躬亲。两个月后，洛杉矶郊外的油田产量得到了显著提高。

“天下熙熙，皆为利来；天下攘攘，皆为利往。”自古以来，追逐利益是人类最原始的本能，同时也是生存最基本的需求。金钱虽然不是万能的，物质生活的充实未必能为你带来生活的满足与幸福，但社会的现实告诉我们，没有金钱是万万不能的，没有物质生活的依托，人类连生存都会成为难题。

金钱是企业激励员工最直观的物质体现，也是人们最难拒绝的诱惑。拿破仑曾说：“金钱买不到勇敢。”但为了激发士兵英勇奋战，他总是拿出丰厚的物质奖励来犒赏立那些立有军功的兵士，果然大有效果。可见，薪酬激励是一种很有效的激励方式。

在企业管理中，一般有以下几种薪酬激励的方式：

1. 重赏之下必有勇夫，用丰厚报酬调动员工的积极性

物质奖励是企业对员工的重要激励方式。但在我们周围，依然有很

多管理者为了节省公司支出成本，不惜压低员工薪酬，事实上，这是企业管理方面非常严重的误区。

管理者压低员工薪酬，确实能为企业节省一笔不菲的开支，但从另一个方面看，低薪酬势必会影响到员工的工作情绪和工作积极性，导致员工出现消极怠工以及工作质量下降等问题，而这些问题对企业带来的伤害和损耗，有时甚至远远高于管理者对员工所压低的薪酬。

因此，在员工薪酬方面，企业管理者应该足够慷慨，建立丰厚的薪酬激励体制，用丰厚的物质回报，调动企业员工的积极性，促使其更加努力地工作，为企业创造更大的效益。

2. 平衡付出与回报，让奖金接轨绩效

很多时候，员工工作积极性不高，往往可能是因为在工作方面的付出与所得到的回报不成正比。

在传统企业管理中，为了杜绝员工之间的嫉妒情绪，奖金一般都是采用平均分配的方式进行发放，人人有份，一碗水端平。这种做法虽然表面上看对全体员工都非常公平，但实际上是最不公正的一种分配方式。试想，如果你为工作付出很多，可最终那些整天磨洋工的人也能拿到和你同样多的奖金，你会怎么想？在之后的工作中，你还会一如既往地勤奋付出吗？答案绝对是否定的。

实际上，为了保证员工的工作积极性，最公平的薪酬分配方式应该是把奖金与绩效挂钩，秉承“按贡献进行分配”的原则，以平衡员工在工作方面的付出与回报。

3. 杜绝“大锅”政策，暗奖带来大惊喜

很多企业为了给员工树立榜样，激励员工，通常会采用“大家评奖，当众发奖”的方式来奖励对企业有突出贡献的员工。这种方式在某种程度上确实对员工能产生激励作用，但同时也存在弊端，长此以往，

大家很可能会因为一些面子问题而达成一种共识，让每个员工轮流得奖。这样一来，奖金就成了人人有份的“大锅饭”，失去了最初的激励效果。

为了避免这一情况发生，企业管理者不妨在褒奖员工之际，采取一种“暗奖”的方式。比如，暗地里给表现优异的员工一个红包，或者某种特殊的物质奖励。这样，一方面可以避免其他没有得奖的人产生嫉妒，另一方面也能对个别有重大贡献的员工表示肯定和奖赏。

在施行“暗奖”的同时，管理者同样可以结合明奖，根据实际情况选择激励方式。根据以往经验，我给大家的建议是，大奖采用明奖的方式，比如年终奖、创新奖等，这些奖励并不常有，一年或许也就只有一次，并且都是根据个人具体表现所定，基本上避免了“大锅”政策。小奖则可以尽量采用暗奖的方式发放，比如月度奖、季度奖等。

4. 长远发展，福利比薪资更重要

福利是薪酬体系的一个重要组成部分，也是员工选择企业时最关心的条件之一，其重要程度甚至已经超过了薪资水平。

在职场中，福利体系的完善与否直接反映了企业人力资源系统的健全与否，越来越多的人意识到，再高的薪水也不如完善的福利来得长久。福利是企业对员工的一种长期承诺，只要员工还在该企业，就能享受企业所承诺的福利项目。因此，在人力资源市场中，高薪的吸引力已经远远不如福利水平。尤其是对于那些渴望长期稳定发展的人来说，他们宁愿选择薪水较低但福利制度完善的企业作为长期奋斗发展之地。

企业能为员工提供的福利大约可以分为两类项目：一类是强制性福利，即养老保险、失业保险、医疗保险、工伤保险，以及住房公积金等，企业执行这类福利时，必须按照政府规定的标准执行；另一类是企业自行为员工设立的福利项目，比如人身意外险、家庭财产险、餐补、

房补，以及定期的健康检查、旅游活动，等等。

强制性福利反映了企业的正规化和规范化，而企业自行为员工设置的额外福利项目，则体现了企业对员工的关怀，也是留住员工的重要筹码。

5. 股权优惠，人人都能做“老板”

微软公司员工薪资水平并不高，在同行业中很低，他们的主要收入来源并非公司定时发放的薪水，而是股票升值的收益补偿。

微软公司员工获取本公司股票的比率，远远高于其他任何公司。一个才进入微软公司大约18个月的员工，就能获得25%的股票认购权。此后，每六个月能获得其中12.5%的股票，十年之内，员工可以在任何时间兑现全部认购权，每过两年，公司会再次发布新的认购权。此外，公司还为员工提供了更大的优惠政策：员工可以利用不超过工资10%的金钱数目，以八五折的优惠购买公司股票。此外，员工还能通过贷款来购买公司股票。

微软公司的这种福利举措不仅大大激发了员工的工作积极性和创造力，而且成功地留住了人才，微软公司的员工至少有超过2000人凭借手中的股票期权获得的收益发家致富。

采用股权优惠政策弥补薪资方面的不足，一方面给予了员工更大的收益期许；另一方面也将员工的利益与企业的利益直接进行了挂钩，让员工深刻感受到，自己为企业卖命，实际上就是在为自己的收益卖命。这正是员工持股计划最巧妙的地方，将员工的利益与公司的利益高度统一，在增强公司凝聚力的同时，也最大限度地激发了员工对公司的关注度以及参与工作的热情。

◎ 授权激励

所谓“授权激励”，就是利用人的进取心和成就感，根据员工具体工作情况，适当对其下放更大权力，对其进行激励的一种方式。利用授权激励法，一方面能调动员工的工作热情和积极性；另一方面能让优秀的员工在掌握更多权力的同时掌控更多可利用资源，从而在工作上做出更加优异的成绩。

在企业管理中，领导需要做的是引导员工承担工作，而非事必躬亲，身体力行，一手包揽所有事务。因此，授权激励可谓现代企业管理过程中最实用最有效的激励方式之一。利用授权激励，一方面能激发员工对工作的责任感与积极性；另一方面则能最大限度地减轻领导负担，并为企业培育出一批新的管理人才。

授权激励，说起来十分简单，但真正实践起来并不容易。很多管理者都不放心将权力下放给员工，我周围就有很多这样的管理者，他们不放心的理由归结起来大致有两点：一是认为员工无法比自己做得更好；二是担忧员工滥用职权，以权谋私。这两方面的原因实际上都是对员工不够信任的表现。

授权是一件需要承担风险的事情，我们永远无法预测自己的某次授权，到底是能为企业培养出一名管理人才，还是搭建一张滋生贪婪腐败的温床。但作为领导，只有敢于授权，并且善于授权，才可能在有限的精力下，带领员工为企业创造无限的辉煌。

当你将权力下放给员工之后，你一定会发现，他们会源源不断地带给你惊喜。在你掌控全局发布施令时，员工往往遵照你的命令行事，不做多，也不做少，但当你把权力下放到他们手中，让他们发挥职能进行自我管理之后，他们反而能为企业做出更多贡献，创造更大效益。

日本本田公司第三任社长久米是志在开发“城市”系列汽车时，组建了一个开发小组，该小组的成员绝大多数都是20多岁的年轻人。久米是志很清楚，“城市”系列车的目标消费者是年轻人，这些20多岁的年轻开发者比自己更加了解年轻人的喜好，必然会比自己做得更好。于是，久米是志将开发该系列车的决策权交到了开发小组手上，授权他们自主决策。

当时，公司部分董事对久米是志的这一决定忧心忡忡，他们对这些无论经验还是阅历都不足以担当此大任的年轻人会搞出什么样的东西来缺乏信心。但这些来自外部的压力并没有动摇久米是志的决定，在久米是志的支持下，开发小组技术开发人员对那些质疑自信满满地回应道：“开这种车的人并不是你们，而是我们这一代人，没有人比我们更加了解自己。”

开发小组技术开发人员没有让久米是志失望，他们一举打破了汽车外形呈流线型的常规，将新车的造型做得非常高挑。老董事们看到这种造型大惊失色，怨声载道，纷纷抱怨这种车型太丑，根本不可能卖出去。但开发小组的技术人员们坚信，这就是年轻一代中理想的车型！

果然，“城市”系列汽车一经上市就大受欢迎，销量暴增，很快就打破了销售纪录，并且在年轻人中风靡一时。

久米是志社长正是采用授权激励的方式，大胆起用经验有所欠缺的年轻人，充分给予他们信任，让他们放手去干，他们最终才创造了“城市”系列汽车的辉煌销售业绩。

可见，在企业管理中，真正有效的管理方式，并不是领导事必躬亲，将所有事情控制在自己手中，将所有责任包揽在自己身上。过度的管理不仅局限了员工的创造力和企业的发展力，而且会让企业在墨守成规中逐渐与社会脱节。领导个人的力量始终是有限的，无论多么才华横溢，也不可能凭借一己之力去推动一个企业的发展。只要观察一下，你就会发现，真正成功的企业领导，往往都懂得发挥授权激励的最大功效。

权力是一把双刃剑，在企业中，如果权力过于集中在一个人身上，很可能就会形成独断专行的局面。我们知道，一个人的决策能力是有限的，当企业决策权只掌握在一个人手中时，决策失误的风险也会进一步增大，而事实也证明，很多企业的崩溃和破产正是权力过于集中造成的决策失误。但如果权力过于分散，也会造成决策难以达成统一的局面。此外，企业各个决策人之间的相互协助也存在着隐患，往往会导致企业高层内部出现谁也不服谁，甚至互相倾轧的不利局面。

所以，作为企业领导，一定要明确权力分配的问题，根据我多年来的管理经验，在权力分配方面，可以遵循一个“12字箴言”，即“大权独揽，小权分散，抓大放小”。

所谓“大权”，指的是对企业有极为重要影响的决策权，比如企业的发展方略、部门的生死决策等，对于这些足以左右企业发展情况的权力，领导必须将其牢牢抓在手中，不容僭越、窃取。只有大权在握，才能保障企业决策的稳定性，才能在出现决策纷争时以“拍板人”的身份一锤定音，避免争论无休无止。

那么，具体来说，哪些大权是领导必须掌握在自己手中的呢?

1. 财权

钱是企业的命脉所在，同时也最容易引诱人犯错。因此，无论何时，领导对财政大权的掌控都不能放松，不能掉以轻心。当然，紧抓财政大权，并不意味着你要亲力亲为地算清公司所拥有的全部资产，或锱铢必较地掌控每一笔开支。

财政方面的细节问题，领导完全可以将其交给相应职权的人进行监管，比如财务总监，或者会计出纳等等。领导紧抓财政大权，最关键的一点在于，领导必须清楚地知道企业在财政方面的巨大动向，比如资金的流动情况等，并且能确保在关键时刻具有财政调动的绝对权力。

2. 人事任免权

人事的任免和调动，实际上就是对企业结构的调整和管理权。因此，领导对于人事任免权，主要必须掌控的，是管理阶层的重大调动。至于一些对公司并不会造成很大影响的调任，比如组别内的晋升，或者个别人事调动，领导并不需要花费精力去参与。

3. 最终决策权

权力是地位的保证，在企业管理中，领导可以向下属放权，但不能在放权的过程中失去自己绝对权威的地位。对决策进行最后拍板的权力，是确保领导绝对权威地位的关键。

领导应该让员工形成这样一个认知：领导能赋予你权力，同样也能收回权力。赋予你权力，是对你的信任和看重，一旦你辜负了领导的期望，领导随时都可以收回权力。只有让员工明确了这一点，领导的地位和权威才不会被动摇。

领导应该懂得最大限度地利用下属的能力，而大量的实践也证明，适度的权力下放，实际上更能激发员工的工作热情，推动员工出色地完成工作任务。所以，在紧抓重大权力的同时，领导也要懂得对员工进行授权激励，尤其在小问题上，给予员工更多的自主权。

◎ 竞争激励

通常情况下，压力与动力是并存的，适度的压力能转化为激励人奋进的动力。因此，企业领导不妨将竞争引入管理，让员工承受适度的压力，从而培养其危机意识，促使其不断努力，不断提高，在竞争的压力中发挥出自己的最大潜能。

人天生都有惰性，尤其是长时间处于一个缺乏竞争和新鲜刺激的环境中时，越容易被惰性所征服。因此，当一家企业长期处于稳定期时，如果一直没有新鲜、刺激的融入，那么尤其是老员工，就很容易对工作产生倦怠的情绪，企业也将渐渐失去生机，走向崩溃。

沙丁鱼是西班牙人喜爱的美食，但这种鱼很娇贵，离开大海之后很快就死了。很多时候，渔民们历尽千辛万苦把沙丁鱼打捞上来，但还没到码头，沙丁鱼就差不多死掉了一半。死沙丁鱼的味道没有活沙丁鱼的味道新鲜，消费者不怎么买账，这样一来，就会严重影响销量。

后来，渔民们想到了一个让沙丁鱼活着到达码头的办法，每次把沙丁鱼打捞起来，装到运输容器里之后，就在容器里头放几条鲇鱼，鲇鱼是沙丁鱼的天敌，非常喜欢吃小鱼。鲇鱼进入容器之后，就开始进攻沙丁鱼，沙丁鱼一片惊恐。为了躲避鲇鱼的攻击，沙丁鱼在容器中拼命游动，反而保持了旺盛的生命力，渔船到了码头后，它们依然活蹦乱跳，进入市场能卖个好价钱。

当外界没有危险刺激时，在运输容器中的沙丁鱼因为缺乏忧患意识变得懒惰起来，在稳定而安逸的环境之中逐渐失去活力，这正是导致它们容易死亡的最大原因。渔民们往容器中放入鲇鱼之后，可以打破容器中的平衡和稳定，让沙丁鱼变得紧张起来，为了避免被鲇鱼吃掉，沙丁鱼拼命游动，四处逃窜，生命力反而变得旺盛起来。

当企业长期处于像运输容器那种稳定的环境中时，老员工容易像沙丁鱼一样满足于现状，因循守旧，懒散懈怠，缺乏激情、斗志和责任感。久而久之，他们的贡献率和价值将趋于零，企业的效益也将毫无保障。为了杜绝这样的情况，最理想的办法就是引入打破稳定平衡的"鲇鱼"，让年轻人加入进来，带给老员工压力，让他们产生竞争意识，激发他们的工作积极性，促使他们为了生存而转变思想态度，进行自我突破，自我改变。这就是管理上的"鲇鱼效应"，实际上也就是竞争激励。

曾有人说过这么一句话："竞争是培养人才的动力，忙碌则是培养人才之母。"对此我非常赞同，对于所有的管理者来说，这句话值得铭记终生。在工作中，安逸只会磨灭人的斗志和创造力，让人的积极性在百无聊赖中消磨殆尽。只有当竞争出现时，当所有人朝着同一个目标展开争夺战时，企业才可能生机勃勃，员工的潜能才可能被激发，从而不断向前，不断突破自己，提升自己，为企业创造出难以估量的价值。

在为企业引入竞争激励时，一般有以下几种方式：

1. 优胜劣汰，增强企业员工的竞争意识

自然界遵循着"物竞天择，适者生存"的法则，也正是这一优胜劣汰的法则，使自然界的生物不断进化，以适应环境的改变和发展，而那些无法跟上进化队伍的物种，则会不可避免地走向毁灭。

纵观人类的发展史，人类就是从与其他动物相同的生存状态发展到登上食物链顶端，这就是人类在残酷的自然法则竞争中所产生的改变和进步。竞争从来都很激烈，但同时，也正是这种优胜劣汰的竞争意识促

使人不断进步，不断突破极限，创造奇迹。

这种竞争意识对于企业管理来说同样适用，尤其是在公司内部的成员配置方面，优胜劣汰的竞争意识既能激起员工的危机意识，让他们在压力下提高工作效率和能力，也能帮助企业沙里淘金，适时裁减冗员，节省公司成本。

2.为员工设置“假想敌”，激发其求胜斗志

很多人都有好胜心，尤其是面对与自己旗鼓相当的对手时，心底总会希望自己比对方优秀，以此获得优越感。从心理学上来说，这种心理是一种潜在的自我优越欲望。这种欲望根植于人性之中，无论你的竞争意识是否强烈，这种欲望也不会完全泯灭。尤其是在特定环境、特定对手的压力下，这种求胜的欲望会得到激发，变得更加鲜明。

温哥华一家航运公司生产线上的工人分白班和夜班两班，公司总经理琼斯先生用尽各种方法，想提高生产效率，以达到工作指标，但一直都没能成功。无论是许诺奖金奖励还是晋升机会，都无法激发工人们的斗志。

一天，琼斯先生来工厂视察，恰好遇到了换班时间，白班的工人们正陆陆续续走出车间，夜班的工人们陆陆续续走进车间。就在这时，琼斯先生突然灵机一动，有了一个新的想法。

琼斯先生赶紧拦住一名白班工人，询问他：“嘿，你们今天一共完成了多少生产单位？”

这名工人看了看琼斯先生，回答：“6个。”

于是，琼斯先生找了一支粉笔，走到车间门口，在大门上写下了一个大大的“6”，然后离开了。

上夜班的工人们来到车间时，一见门上这个大大的“6”就明白了：

这是白班工人们的工作成果。

第二天一早，琼斯先生又来到车间视察，这时，刚好是夜班工人下班时间，琼斯先生发现，大门口的“6”已经被擦去了，取而代之的，是一个用粉笔写的醒目的“7”。而走出车间的夜班工人们虽然疲惫，但脸上挂着一种笑意。

一名夜班工人走过琼斯先生身边时，自豪地炫耀道：“嘿，夜班工人比白班工人干得更好，对吧？”

琼斯先生微笑着点了点头。

琼斯先生非常聪明，在工人们陷入停滞不前的状态并满足于现状时，他利用人“好斗”的本性，让白班工人与夜班工人成了彼此的“假想敌”，引导原本同属一个工厂的两班工人成为竞争对手。竞争的引进则打破了工厂稳定的平衡状态，激发起工人的竞争意识，从而使得他们将自己的能力发挥得淋漓尽致。

领导在以设立“假想敌”的方式激励员工时，有个问题需要特别注意，就是你为员工所设立的“假想敌”，其各方面条件应该跟你准备激励的员工旗鼓相当，或者能力稍微比你准备激励的员工强一点点，如果双方实力对比过于悬殊，就不存在任何可比性，如此一来，非但不能激励员工进步，反而可能会让员工在挫败感中一落千丈。

3. 适时引导，杜绝恶性竞争

良性竞争能激发员工斗志，让团队成员实现共同努力、共同进步的良好局面。恶性竞争则会导致团队成员之间相互抹黑，甚至以互相拖后腿的方式来达到压过对方的目的，更严重的，甚至可能会让员工产生一种“我赢不了，也不让你好过”的扭曲心态。

因此，在对员工进行竞争激励时，领导应该注意，在关键时刻做出适当引导，以避免员工之间的竞争转化为恶性竞争。具体说来，我们可以从以下几个方面注意：

（1）培养员工团队荣誉感

在为企业引进竞争激励的同时，领导也应该让员工明白，每个员工之间，既存在竞争关系，也存在协作关系，而且协作更加重要。竞争能带来个人荣誉，但协作能带来团队荣誉，二者同样重要。

因此，在竞争的过程中，员工也应该学会相互帮助，共同协作，争取在实现自我突破的同时，也保证提高部门或公司业绩，在竞争与协作中打造良性的竞争氛围。

（2）根据员工个体差异进行目标设定

企业在员工之间树立竞争意识时，一定要考虑到每个员工的个体差异，尤其是年龄方面的差异，并根据每个员工的实际情况，为其设立相应的要求和标准，并为其寻找合适的竞争对手，切不可搞一刀切。

恰到好处的竞争才能起到良性的作用，不考虑实际情况而设定的标准和要求反而可能降低员工的工作热情，甚至导致同事之间的关系紧张恶化。

（3）机会面前，人人平等

良性竞争的前提就是要做到公平公正，力求机会面前人人平等。假如在竞争中，领导无法为每个员工提供均等的机会，那么受到不公正待遇的员工，心中必然滋生不满和怨怒。因此，实现良性竞争的前提是公平，如果连公平都无法保证，那么所谓的良性竞争也就无从谈起了。

（4）强化正确的竞争意识

在工作竞争之中，正确的竞争意识非常重要，领导应该给员工灌输正确的竞争意识，让员工明白，工作上的竞争，最大目的是双方获得共同进步和自我突破，无论一个人在竞争中获胜还是失败，都不应该将对方视为仇敌。公平合理的竞争才是良性竞争，如果竞争中掺杂了过多的个人情绪，则应该随时叫停，让竞争双方及时端正态度。

协同合作的竞争是推动企业进步的原动力，缺乏合作的恶性竞争可能会给企业造成不可弥补的损失。作为领导，一定要记住，为了保证员工的工作活力和创造力，正确的竞争激励必不可少，而在引导员工竞争的同时，也要强化合作意识，只有这样，才能在企业内部形成真正的良性竞争局面。

◎ 成就激励

每个人都希望在工作中，自己能取得好的成绩，从而获得满足感；每个人也都希望，自己的贡献比别人大，以此获得优越感。需要本身并不会对个人产生激励作用，真正起到激励作用的，是对满足需要的期望，而期望的强烈程度，也就决定了个人受到激励的程度。这就是我们所说的成就激励。

在通常情况下，人们开展某项工作，在取得成果之后，都会对成果中的个人贡献做一个估量，估量出的贡献数值大小不同，人们从中得到的贡献满足感也有所不同。贡献数值所占比重越大，人们的成就感也就越强烈，从中获得的满足程度也就越大。在工作中，影响到这种个人贡献份额的因素主要有工作团队的规模、个人在团队中所处的地位以及工作中的自主权大小等等。

团队规模大小指的是该团队中工作成员的多少。一般来说，成员越多，个人的贡献体验也就越小；反之，团队规模越小，个人的贡献体验就越大，成就感就越强烈。从心理上来说，个人独立完成任务会比团队协作完成任务获得更大的成就感。

个人在团队中所处的地位也直接决定了获得成就感的大小。当企业经营获得成功时，获得最大成就感的，自然是公司老板，他所体验到的这种成就感，是下属普通员工无法感受的。同样，当一个小组完成一项课题研究之后，作为管理者的小组长能体验到比别的普通组员更大的成就感。

此外，工作中员工自主权的大小也直接影响了激励的效果。如果在一项工作中，领导干预过多，那么即使最终取得成功，员工也不会多么喜悦，因为他们知道，在这件事情上，自己只是听从领导发号施令去执行，并没有融入自己的思想、观点和意志；反之，如果领导给予员工足够大的权力，让员工自主行事，就能激发出他们更大的动力，在满足其内心期盼获得成就感的同时，也能为企业创造更多成绩。

在了解员工对成就感不同的体验和其影响因素之后，领导可以适当地对员工进行成就激励，以激发他们的工作热情。根据以往的经验，我来分享一下自己对员工实施成就激励的策略。

1. 描绘未来愿景，激发员工对成就的渴望

我曾在一本杂志上看到过这样一个故事：

有三个工人在建筑工地上干活，一个人路过，问他们在干什么。

第一个工人正在埋头苦干，声音低沉地回答："砌砖。"

第二个工人抬起头，看了看问他们话的人，说："赚钱。"

第三个工人看着眼前依然还是一片空旷的工地，面带微笑地说："我想，我正在建造一座这个城市最美丽的建筑！"

多年后，第一个工人成了工地上砌砖手艺娴熟的老师傅，第二个工

人成了工地上的包工头，第三个工人成了一名设计师。

这三个工人曾经站在相同的起点，但他们对自己工作的看法和对未来的愿景，却决定了若干年后他们截然不同的人生状态。我们这里所说的愿景，所谓“愿”，就是愿望，“景”，就是景象，因此，愿景可以理解为一个人对自己未来情况的一种期待。

管理大师彼得·德鲁克曾经说过这样一句话：“预见未来的最好方式，就是在大脑里先创造一个未来。”德鲁克所说的，在脑海里创建的未来，实际上也就是愿景。当一个人对自己的未来有期待时，这种期待就会成为一种动力，激励他朝着那个美好的愿景一步步靠近，这也就是成就激励所具有的强大力量。

因此，当你想让你的员工做得更好，成为更加优秀的人时，不妨引导他，为他描绘一幅美好的蓝图、充满希望的愿景，当这些美好的憧憬根植于他的脑海中时，不需要你再一遍遍提醒他，他也会自动自发地朝着目标努力。

2. 高要求高标准，引爆员工潜藏能量

在实际工作中，我们常常会发现，很多人明明有很强的工作能力和自我突破的可能，但在工作一段时间之后，却容易满足于现状，不再积极进取，甚至逐渐沦为平庸之人。这实际上就是一种惰性的体现，而惰性的出现，往往是因为人缺乏更高期望的愿景，失去了努力奋斗的动力。

美国著名管理顾问克雷格曾说过：“设立高期望值，能为富有挑战精神的优秀员工提供更多机会，而这正是激励人才的关键。”事实上，越是能力出众的人，越喜欢迎接挑战，在每一次的挑战中，他们都能获得自我成长和自我增值。因此，作为领导，为了避免让有能力的员工因

惰性而沦为平庸，应该不时为他们设立更高的目标，以高要求和高标准对他们进行规划。这实际上就相当于给予他们目标、愿景，为他们提供努力奋进的动力。

但在提出高要求和高标准时，领导也要注意，必须让要求和标准符合员工的实际情况以及企业的实际条件，过于天马行空的要求不仅不能激励员工，反而可能加重他们的心理负担，从而引起他们的反抗心理。

3. 学习深造，提供给员工更上一层楼的机会

很多企业都会为员工安排专门的学习和深造课程，这既是为员工提供一个自我增值、自我进步的机会，同时也是为企业培养一批有用的定向人才，促进企业发展的机会，可以说是一项双赢的举措。

培养人才是一项巨大的工程，要想最大限度地实现预期目标，有以下几个问题必须注意：

第一，培训应该有计划性和目的性，通过周而复始的定向训练，最终使全体员工的能力和部门的业绩得到不断提高。培训作为一种管理手段，一方面能帮助员工提高能力，为企业创造更大价值；另一方面则有助于为企业组建一支高水平的能满足企业需求的团队。

第二，要保证培训活动的持续性。现在，很多企业都意识到了对员工进行培养训练的重要性，但在落实时，没有足够重视，表现出一种“三天打鱼，两天晒网”的态度，似乎培训只是走个过场，就像打了个水漂，结束之后再也没有任何波澜。这样无疑是浪费资源，钱花了，培训过了，但员工可能依旧懵懵懂懂，没有学到任何东西。

4. 明确责任，尽可能减少团队工作

此前说过，个人工作取得成就必然比团队协作取得成就，更能让人体会到成就感。但在团队协作的过程中，人所能体会到的成就感大小与

个人在团队中所处的地位高低是成正比的。

在团队合作中，领导如果想以成就激励来督促团队，鼓励团队，就一定要注意，在团队分工方面，应该明确每个人的责任和义务。换言之，领导的任务是要让每一名员工都清楚自己在团队中的职能，以及该项职能对该项工作能有多大贡献。有了这种意识，员工必然会对获得成功之后的成果满怀期待，这种期待正是成就激励的推动力。

◎ 情感激励

情感激励是世界上投入最少但回报最高的。作为企业领导，你必须征服你的员工，让他们心甘情愿听从你的调遣，为你卖命，为你打拼。而要征服他们，情感激励显然是最划算的投资。

但凡是成功的领导，都懂得如何从感情上征服员工，让员工死心塌地追随自己。人都是有感情的，而在很多事情上，尤其是关键时刻的抉择，人总是容易受到自己感情的左右。尤其在人情越来越淡薄、竞争越来越激烈的今天，情感投资对员工所造成的影响更是不容忽视。

BCT电信公司是加拿大的一家高科技公司，为了激发员工的工作热情，并且留住优秀员工，该公司在工作楼内为员工增加了一处健身中心，免费为员工提供服务，并鼓励员工培养健身的习惯，这种举措，让员工的精神状态在劳逸结合中大为改善，工作效率大为提高。

与BCT电信公司不同的是，位于多伦多的加拿大SAS公司为了降低员工跳槽率，推出了免费为员工按摩的服务。此外，该公司还主动为员工购买医疗保险，提供看牙医的服务，每一年还给员工额外赠送500加元的保健费。

如今很多私营企业都认识到了对员工进行情感投资的重要性，就像BCT电讯公司和SAS公司那样，为了与员工建立一种亲密而相互信赖的关系，企业会主动为员工提供很多福利政策，以表达对员工的情感关怀。有的企业除了为员工提供这些福利之外，甚至还会为员工解决一些工作之外的生活琐事，这些都是企业对员工进行情感投资的表现。

松下幸之助曾经说过这样一句话：“社长必须懂得兼任端茶的工作。”当然，这句话的意思并不是真的要老板为员工端茶倒水，而是传递了一种理念，即团队领导也应该将自己当成团队的服务者。当领导能从观念上接受这种想法，并强化这种意识，那么在面对手下员工时，自然会收敛起高高在上的傲气，关心员工，感激员工。这种自然流露的心意比任何物质奖励更能让员工心怀感恩，这也正是情感投资的最高境界。

台湾一家科技公司有一名叫吉娜的电脑程序员，曾经对朋友讲述过这样一个故事。她说：“有一次，我在电梯里遇到了大老板王嘉廉，另外还有东尼，王嘉廉竟然向东尼介绍我，当时我吓坏了，我从没想到，大老板竟然会对我的工作和个人情况如此了解，说实话我只是一个普通的程序员，但那天他让我感觉到自己似乎很重要。在闲聊时，我们谈到了冬瓜，我告诉他我很会做冬瓜。后来他竟然真的送了我一个他家后院自产的巨无霸冬瓜。作为大老板，他或许并不会特意去记这些小事情，但这些事对于我来说意义很重要。他做的这些事情让我感觉自己受到了重视，让我明白我没有被公司当成奴隶、仆人。总之我想说的是，人与人之间，如果有比金钱和利益更加重要的东西，那就是感情。”

从上面这个故事中我们可以看到，王嘉廉对员工进行的情感投资获得了极大回报，他为员工所做的其实只有两件事：第一，记住员工的个人情况；第二，记住自己对员工允诺过的事，哪怕只是许诺送她一个冬瓜这么小的事情。由此可见，小事、细节非常容易打动人，情感投资的最佳切入点，正是这些看似鸡毛蒜皮的小事、细节。

那么，有哪些细节是我们容易忽略，但实际上最可能获得情感回报的细节呢？我们可以举一些例子：

1. 员工的健康状况

很多企业都会为员工购买医疗保险，或者在公司内部为员工提供一些医疗福利，比如固定周期的体检，或者设立医务室，为员工免费看病，等等。有的企业甚至愿意花钱为员工制订健康计划。这些实际上都是企业关心员工身体健康状况的表现，在与员工建立情感联系方面起到了巨大作用。

此外，企业领导也应该关注员工的身体状况，领导表现出的人情关怀，有时甚至比具体的福利措施更容易打动员工的心。

石油大亨保罗·盖蒂是一位对员工关怀备至的领导。

一次，盖蒂亲自下油田和工人们一起工作，突然发现一个名叫汉克的搬运工在工地上十分懒散，顿时很恼火，对汉克破口大骂：“嘿，笨蛋！你在干什么？快给我振作起来！”

刚一骂完，盖蒂发现周围的人都在用一种奇怪的眼神看着自己，从他们的眼神中，他感觉到似乎有什么自己不得而知的隐情。于是，盖蒂找到一个工人打听情况，一打听才知道，原来汉克在搬运东西时手受了伤，为了不影响工作进度，他坚持带伤继续工作，只是因为手受了伤，不利索，动作才很慢。得知情况之后，盖蒂赶紧对汉克表示歉意："真抱歉，我不该没搞清楚情况就对你发火，我开车送你去医院，治好了伤才能更好地完成任务。"

听了盖蒂这番话，汉克感动至极，决心以后一定更加努力地工作，报答老板对自己的关心。此后很长一段时间里，工人们都对此事津津乐道，并对盖蒂的为人称赞有加。

从表面上来看，这件发生在盖蒂身上的事情微不足道，但反映出了一个非常重要的事实：在员工需要关心时，你的一丝善意能胜过平时的千言万语，你的一丝关怀能让他铭记于心。

2. 工作餐不容忽视

很多公司都会为员工提供工作餐，或者设置专门的配餐部门，或者外包。

对于员工来说，午餐是一天之中最重要的一顿饭，很多人为了赶来上班，可能根本没时间吃早餐，晚上加班，或许要到深夜才能吃晚餐，而午餐就成了主要为上班族们工作时间提供能量的一餐。

公司重视员工的午餐情况，实际上是对员工工作效率的重视。因此，无论公司采用何种形式为员工提供午餐，都应该重视营养搭配和品种选择等细节问题，这不仅能保证员工的健康，同时也能让员工从细微之处感受到公司领导无微不至的关怀。

3. 将员工的安全放在第一位

人们总强调"安全第一"，尤其是在一些高危行业，比如矿工、高空作业等等。强调安全问题是对员工负责，同时也是对生命负责，安全问题的落实可以说是企业体现人情关怀最重要的一个方面。无论何时，即使需要牺牲工作效率和工作进度，企业也不能以员工的生命安全开玩笑，任何企业的管理层都应该明白：人是企业发展最重要的推动力，是企业最宝贵的财富，没有任何物质利益能比人的安全和生命重要。

4. 每个节日和员工的生日都很重要

在特别的日子给予员工特别的关怀，不仅能打动员工的心，还能调节办公室的紧张工作气氛。这些特别的日子包括传统节假日，以及员工的生日，等等。

领导可以根据不同的节假日，在公司举办一些不同的庆祝活动，并给员工派发一些礼品。礼品并不需要太贵重，重要的是能体现企业对员工的关怀就好。此外，在员工生日时，有很多领导都会安排“惊喜派对”，这些安排往往能给员工留下深刻印象，让他们经久不忘。而领导付出的只是一个生日蛋糕和为员工唱《生日祝福歌》的短短几分钟。

可见，情感投资确实是回报率最高的投资。

5. 探病最容易打动人心

人吃五谷杂粮，难免有生病时。一个人的身体遭受病痛折磨之际，心灵往往也正是最脆弱、最容易关心时。当员工生病时，如果领导能亲自探望慰问，必然会让员工感动万分，尤其在员工心理最脆弱的时刻，领导的关怀与问候更是会被放大数倍甚至数十倍之多。这段时间的情感激励足以达到回报率的巅峰。

6. 关心员工的家庭状况

在很多事情上，我们都强调必须公私分明，不要因为私事而影响工作，也不要因为公事而将不满带入私人生活。但事实上，即使我们在行动上能做到公私分明，在情绪上恐怕也难以做到泾渭分明。

人是有感情的，不是机器，不可能设定一个按钮，将私人的情绪与工作上的情绪分隔在两个不同的区域。因此，不管是工作上的问题还是私人生活的状况，都会在一段时期内对我们的情绪和心理状况造成一定影响。

作为企业领导，无论是从对员工的情感关怀角度出发，还是从为了保证员工的工作效率和质量，以确保企业利益不受侵害的角度出发，都应该对员工的家庭和生活予以关心，必要时要挺身而出，给予员工帮助和宽慰。

◎ 赞美激励

赞美是世界上最美妙、最动听的语言，让人无法抗拒。每个人都渴望自己被别人注意、欣赏、认可，赞美正是对这种渴望的最好回应。

每个人身上都存在难以估量的潜力，而要激发这种潜力，最佳方式就是赞美。在企业中，如果领导能适时给予员工一些赞美，不仅能激发员工的工作热情和积极性，提高员工的工作效率，更能拉近自己与员工之间的心理距离。甚至有时候，领导不需要说话，只需一个赞许的目光和一个友好的微笑，就能获得意想不到的回报。

美国著名绩效管理顾问艾伦曾在美国陆军部担任训练军官，她曾在多次演讲中分享过发生在训练中的一则故事：

有一位非常严肃的上校给士兵上课时，几乎从来不赞美他们，在他看来，那些华而不实的语言，并不能给予士兵任何实质上的帮助。

虽然这位上校很难相处，但不可否认的是，他对工作认真负责，的确非常优秀。训练课程结束之后，这位上校的上司——一位将军，对他的工作表现很满意，于是找了一张纸，在上面写了很多激励的话，另外还写了一句赞美的话："你实在太棒了！"写完之后，将军把这张纸折成了一张精美的卡片，然后把上校叫到办公室，递给他这张卡片，并对他大加赞赏。上校打开卡片，看到卡片上写的话惊呆了，凝视将军半晌，然后走出了办公室。

将军对上校的这种反应感到很奇怪，心里一直犯嘀咕：莫非自己做错了什么，或者不小心冒犯了他？左思右想，将军坐立难安，于是走出了办公室，准备去找上校开门见山地谈一谈，结果发现上校正兴高采烈地拿着自己给他写的卡片向周围的人炫耀。

故事到这里并没有完全结束，那位原本对赞美之词不屑一顾的上校，从将军手中获得那张卡片之后，感受到了赞美的巨大魅力，于是专门定制了一批精美的卡片，用来赞美他的士兵、朋友和家人。

赞美或许只是一个微笑、一个眼神、一句肯定的话，但能给人带来神奇的内在体验，产生巨大的力量。我曾见过一个著名的成功人士，在谈起他成功的经验时，他对我说："在我走向成功的路上，我一直坚持一件事情，那就是每天都赞美别人。"他认为，正是因为他从不吝啬赞美别人，才积累了丰富的人脉，才培养出了一批忠诚的员工，也最终缔造了他的商业帝国。

某机构曾对1500名在各个不同岗位工作的员工做过一项调查，询问他们认为最有效的激励因素是什么。结果令人大吃一惊，几乎绝大多数员工都认为，能让他们感到最有动力的激励因素是来自领导的赞美。遗憾的是，在这项调查中的另一结果表明，这其中近60%的员工都表示很少从领导那里得到过赞美。

这是一个物质时代，无论做什么都需要金钱的投入，为员工建立福利体系，用高薪吸引人才，用物质激励员工……而在这种种的激励方式中，赞美、激励却几乎是零成本投入，你所需要付出的，只是几句话或几个表情，而你能得到的，却往往更多。

作为企业领导，赞美是最基本的职业技能之一，同时也是最基础的为人准则之一。在现实中，我曾遇到过很多人，他们虽然也明白赞美的重要性，但可惜他们并非赞美方面的高手，以致在运用赞美技巧时往往弄巧成拙。由此可见，赞美也是一项技术活，精于赞美的人，通过三言两语就能触动对方的心，获得事半功倍的效果。而那些不擅赞美的人可能说得天花乱坠，仍然让人不痛不痒，甚至产生反感的情绪。

为了避免出现这种让人无感或者反感的情况，我们来看看什么样的赞美才能让员工喜悦，才能激发起员工的工作热情和工作积极性。

1. 背后的赞美最真诚

中国是礼仪之邦，在很多情况下，一个人当面对别人说的赞美的话往往可能只是出于礼貌的客套话，因此当面赞美他人时，很容易让对方怀疑这种赞美所含的真实性究竟有多少。但如果我们并不是当面赞美对方，而是在背后，则会让人感觉真诚可信。当第三者将这种赞美转述给对方本人之后，对方就会欣然接受，并且对我们也心存感激。

因此，可以说赞美是一种艺术，真正懂得赞美艺术的人，不会轻易当面赞美别人，他们懂得用含蓄的方式，让别人欣然接受他们的赞美。

2. 赞美要快速及时

很多时候，我们赞美一个人，往往是在他做成某件事情或者我们发现他的某些优异的表现之后进行的。尤其在企业中，领导对员工进行赞美，往往都是即兴迅速的，可以说，赞美是对一个员工在最近一段时间内工作表现的反馈。

任何人在做某项工作或某个项目时，总希望能在最短的时间内获得别人的认可，同时也对自己努力的成果有一个全面的了解。如果成果很好，会让人充满信心，更加努力地工作；如果成果欠佳，也能及时进行修正，力求下次取得好成绩。

企业员工如果想了解自己工作的成果情况，最快速直接的方式是从领导那里获得反馈。这个时候，员工往往会较为敏感，领导态度的变化对于他们来说就是最靠谱的反馈。这个时候也是员工情绪最高之时，其对情绪的敏感程度远远超出平时。因此，如果领导能在这个时期及时给予员工良好反馈，这种赞美就能让员工欣喜若狂，更加热情自信地投入工作。

如果领导对员工反馈不及时，直到员工的热情退却才提起这件事情，恐怕赞美的效果就大为减弱了。

需要提醒的是，即使想及时赞赏员工，也要等工作或项目告一段落，基本情况已经确定之后，或者在一个小阶段已经确定完成并且取得良好效果之后进行。如果在事情尘埃落定之前，领导就贸然对员工的工作态度或方式表示赞赏，可能会给员工带来无形的压力，因为他们害怕一旦失败就对不起领导的赞赏。

3. 把握赞美的尺度

领导在赞美员工时，一定要把握好尺度，不管你多么喜欢一个员工，如果大事小事都表扬一下，有事没事表彰一下，那么势必引起其他员工的不满，甚至可能给优秀员工带来麻烦，导致其遭受排挤。因此，赞美一定要把握尺度，既不能不赞美，又不能过多赞美。

此外，在赞美时，无论词汇还是态度都应该把握好尺度，过度的赞美只会让人觉得虚伪，反倒失去了几分真诚。

4. 赞美要真诚具体

我周围有很多人习惯赞美别人，他们或许已经把赞美当成了一种习惯，不管跟对方熟不熟，一见面张口就说漂亮话。虽然漂亮话人人都爱听，但这种一听就知道是流于形式的漂亮话，说得多了就没意思了。

我有位朋友叫XX，向来喜欢说漂亮话，记得有一次在饭局上，另一位朋友YY带着大学刚毕业的儿子一起来，XX一见YY的儿子，开口就说什么你“前途无量”“才华横溢”之类的话，结果，XX才刚转头，YY的儿子就大翻白眼。

真正让人听了喜悦并乐于接受的，是别人发自内心的赞美，而不是礼貌性的敷衍，不根据事实去赞美别人，不可能打动人心，因为人们虽然喜欢听到赞美的言辞，但更希望这种言辞出自真心，而不仅仅是说说而已。

真诚的赞美一定要依据事实，发自内心，只有言之有物的赞美才能让别人真正感到欣喜。因此，对具体事情的赞美往往比泛泛而谈更能打动对方的心。比如，你想赞赏某名员工特别能干、聪明时，可以具体赞美他某件事情做得好。笼统的赞美几乎不会在对方脑海中留下印象，因为很多时候，笼统的赞美是交际应酬的套路。但如果赞美的是具体的事，更容易让员工产生成就感。首先，被赞美的员工会知道，自己究竟是因为什么被赞赏的。此后，为了保持甚至超越这一优点，该员工会更加努力热忱。其次，具体的赞美也能避免其他员工的嫉妒，因为具体的赞美可以让他们清楚地明白，自己之所以没有得到赞美，并非因为遭遇不公平的待遇，而是自己在某些方面确实存在不如他人之处。最后，对具体事情的赞美，实际上就相当于一种榜样宣传，可以让其他员工知道，只要努力做到跟受到赞美的人一样好，自己也能获得领导的赞美。

5. 赞美要公平公正

赞美一定要做到公平公正，对事不对人。作为领导，在对待员工时，一定要摒除个人好恶。即使你再不喜欢一个员工，只要他做出成绩，你就应该给予他公允的承认和赞赏；即使你非常喜欢一个员工，一旦他犯了错，你也应该给予他相应的批评。领导只有做到公平公正，对员工一视同仁，才可能赢得员工的尊敬，也才可能驾驭员工，征服员工。

第四章
公司价值观与激励机制“并轨”

激励是有时效性的，因此，管理者决不能将激励当作一时兴起而为之的细枝末节，而要将其作为一项长期的系统的工作来做。与公司的价值观相结合是让激励形成固定机制的最有效方式，在与公司的价值观相互印证的过程中，激励机制才能收到最好的效果。

◎ 创新型企业的激励机制

调查显示，在中国自主创新型企业中，从事科技开发的专业人员仅占全国专业科技人员的36%；而在美国，同样的调查显示，这一比重高达60%。此外，中国自主创新型的中小企业内部成员组成调查显示，在企业中，科技人员的比重普遍低于30%，可见，现阶段中国自主创新型中小企业所面临的最大问题是人才缺乏。

所谓“自主创新型企业”，指的就是主要以自主知识产权或自主品牌为主要竞争力的企业，自主创新是该企业的核心竞争力，同时也是其赖以生存的根基。而要实现企业的自主创新，则必须以自身的研究开发作为基础，将研究开发出的科技成果商品化、产业化，从而在商业竞争中获取相应利益。

研究开发离不开创新型的研发科技人员，创新型的研发科技人员是创新型企业的核心力量。此类人才基本都具有较高的理论知识积累，比如科学家或者工程师等。此类人才由于所从事的工作复杂程度高、技术创新性强、劳动成果的增值幅度也较大，因此在业界属于抢手的“香饽饽”，如果企业无法给予其优厚待遇，建立完善的人才激励体制，恐怕难以留住此类人才。

中国创新型企业所面临的最重要问题正是人才流失。而造成人才流失严重的原因，除了薪资福利等方面，最重要的是没有建立完善的人才激励体制。

完善的人才激励体制，应立足于最大限度地了解并满足员工的物质需求及心理需求上。但这里存在一个问题，不管在物质上还是在心理上，员工的需求都各不相同，我们无法制定一个通用的标准进行衡量。因此，为了更好地迎合员工需求，企业对人才的激励方式必须因地制宜、因时制宜，根据具体情况的变化而变化，尽量与员工的需求并轨。

就目前来说，大多数企业对员工的激励方式主要还是体现在薪酬方面，即工资加奖金，或者年薪制度。这种薪酬激励的方式与企业短期内的业绩和经营情况等是相挂钩的，属于一种短期的激励方式。但很多时候领导并不能只考虑眼前利益，有时甚至必须为了长远发展而选择牺牲眼前利益，而这种选择相应地也会影响到企业内部的激励体制实施标准。

此外，很多企业想增强薪酬激励的刺激，但又想节省成本，于是引入了“负激励”的方式，比如对员工在工作上的失误进行物质上的惩罚，比如扣除工资、奖金或者削减福利保障等，有的企业领导甚至违反法律规定，擅自制定各种过于苛刻的管理条例，对员工进行剥削和威慑，想以“负激励”的方式督促员工。但实际上，长此以往，不仅不能激励员工进步，反而可能导致员工产生负面情绪，让员工在企业中找不到归属感和安全感。如此一来，只要有跳槽的机会，员工必然会毫不犹豫地离开，造成企业人才流失。

对于现代企业来说，主体的市场竞争力就是人才，即人力资本，尤其是创新型企业，高素质的科技人才正是其最稀缺的资源，如何留住人才，让人才发光发热，已经成了现代企业管理的核心问题，而要解决这一问题，我们首先应该明确究竟哪些激励因素能打动创新型员工的心。

通常来说，创新型企业的核心人才主要包括三个类别：一是某方面的专业人士；二是具有专业技能的辅助人员；三是中高级管理层。根据国内外的统计分析，我们归纳出了以下最能打动这三类人才的激励因素：

1. 薪酬

薪资和奖金可以说是最普遍的一种激励方式，同时也是几乎对所有人都适用的激励方式。

2. 个人进步空间

通常，对于创新型人才来说，个人的成长与发展是非常重要的，其重要程度甚至超过薪资水平。

3. 公司前景

创新型人才都属于知识型员工，这类员工在选择就业公司时一般都十分慎重，除了考虑个人的利益得失之外，对企业的发展前景也非常看重。

4. 工作的挑战性

人都有超越别人、证明自己的渴望，能力越强的人，这种渴望的程度也就越强。而要证明自己，最直观的方式就是征服那些极具挑战性与冒险性的工作。

5. 其他激励因素

包括晋升机会、领导素质以及工作的保障与稳定等等。

根据创新型人才的特点和心理诉求，在建设创新型企业的激励机制时，我们可以着重考虑以下四大方面：

（1）报酬激励

传统的报酬激励基本都是事后奖酬，即在办事成果出来之后进行奖励的方式。但现在，很多大企业已经突破了传统方式，转变为根据具体代办事项，从价值创造、价值评价和价值分配三个方面，进行事前、事中和事后三个过程的奖励。具体做法是：

①在同样的工资水平线上，划分出不同档次的价值创造，由此设置最高工资，获得此最高工资的人选是根据公司员工实际贡献情况不断变化的。

②在设置员工薪资时，要遵循外部竞争、内部公平的原则。“外部竞争”就是说，在设置薪资时，企业要做到放眼同行业也具有竞争资本，并且最好能高出普遍水平。这样一来，必然能在与其他企业争夺人才中占据优势地位，在吸引优秀人才加入的同时，也能激励企业老员工努力工作，提高工作效率。“内部公平”意思就是，在设置薪资档次时，一定要对内部员工一视同仁，根据其不同的工作能力、贡献给予相对应的报酬。企业内部一旦缺失公平，则可能激化员工矛盾，引发负面情绪，造成人员流失。

③用福利沉淀制度来留住人才。什么是福利沉淀制度？我们可以举个例子：比如国内某企业在发放经理级干部的年薪时，一般会分成四部分，当年只能拿到第一部分，大约30%左右，其余70%则在五年之后才能拿到。如果在此期间该干部提前离职，其沉淀下来的工资就不能全部拿走。

（2）文化激励

创新型员工与其他员工相比，往往具备更高的智力和学历，这种特点使他们除了渴望在工作中获得物质的报酬之外，对精神方面的回报如理解、尊重和成就感等更加看重。因此，在选择工作时，企业文化同样也是这类人才着重考虑的因素之一。能吸引创新型员工的企业文化，基本都具备以下特点：

①“以人为本”。创新型人才渴望得到企业的信任和尊重，因此，人高于一切的理念是打动他们的重要文化核心内容。

②培养人才优于财务增值。创新型人才对个人的成长和发展十分看重，对于他们而言，一家注重人力资本增值的企业，比起只注重财务资本增值的企业更具发展空间，更具吸引力。

③畅通的信息沟通。创新型人才渴望得到尊重和认可，因此，保证企业与员工之间畅通无阻的交流对留住创新型人才非常重要。

（3）组织激励

组织激励最重要的是，企业应该为员工提供一个自主创新、健康和谐的工作氛围，而要做到这一点，应该明白以下几点：

①创新型人才是职场中最稀缺的资源。对于创新型人才而言，自身价值的体现远远比完成一般工作事务重要。因此，企业应该尽可能地为员工提供能实现自我、发展自我的平台，这是对员工最大的激励之一。

②重视员工的个人成长和职业生涯规划。无论何时，企业都不能对员工采取“不培训，只使用”和“不开发，只管理”的态度。在科学技术日新月异的今天，知识的更新速度不容小觑。如果企业不能对员工进行针对性的培训和开发，将会导致这些创新型人才停步不前，知识更新的速度也逐渐下降，智力储备也逐步枯竭。一旦发生这样的情况，企业也将因失去发展后劲而最终被社会淘汰。

（4）工作激励

所谓“工作激励”，其实就是指企业应该为创新型人才提供有乐趣和意义的工作机会。

此前说过，创新型人才的一大特点就是比起物质上的收入，他们更加重视自我价值的实现等。因此，企业应该给予员工更具挑战性、独立性和冒险性的工作机会。

事实证明，企业之间的互相竞争，已经不再只局限于单纯的财力物力的竞争，更重要的是人才资源方面的竞争。企业要想留住员工，就必须站在员工的立场考虑问题，思员工所思，想员工所想。这样才可能从物质和精神等各个方面激发起员工的工作热情，助其实现自我价值，同时也能让企业在激烈的竞争之中立于不败之地。

◎ 创意型企业的激励机制

创意来源于边缘产业，专门生产精神产品，以满足人们对精神方面的需求。随着科技发展，人类社会的物质形态财富得到了快速发展进步，生产规模和速度也与日俱增，甚至逐渐出现了产品过剩的情况。伴随着物质形态财富的发展，人们对精神财富的追求也日渐增强，在物质条件得到满足的同时，开始关注精神上的满足感。于是，专门致力于精神消费品生产的创意型企业应运而生，在创意型企业的推动下，精神文化产品逐渐成为当今世界影响市场竞争的主导力量之一。

创意型企业的价值创造链大致可以概括为五大环节：创意产生——创意开发——创意传播——创意消费——创意产权开发。

根据创意产业的这条价值创造链，我们可以在创意型企业的经营管理方面归结出两个明显特征：人才驱动，持续创新；敏捷生产，传播至上。

先说“人才驱动，持续创新”，创意型企业赖以生存的条件在于源源不断的创意，而创意驱动的核心实际上就是创意人才驱动。不管在什么行业，只有具备某方面专业知识，并且对社会的文化内涵有着深刻理解的创意人，才是稀缺的宝贵资源。为了保证核心竞争力，企业需要做的就是搭建起一个合适的平台，以合理有效的激励机制，吸引一批创意人才为自己效力。

说到“敏捷生产，传播至上”，就不得不提到苹果公司。

苹果公司蝉联美国最具创意的公司多年，但凡对苹果有所关注和了解的人应该都会发现，苹果的成功不仅在于其拥有好的创意，更重要的是，他们能将这种创意在极短时间变成实实在在的产品，并通过快捷有效的传播途径进行传播，让消费者对其产生购买欲。

从苹果公司的成功经验中，我们可以知道，创意型产业与其他物质形态的产品是有一定差距的，创意型产品的价格和价值弹性非常大，不仅与产品的材料成本有关，而且与消费者的偏好、价值取向以及对该产品的热衷程度和心理预期等方面有关。此外，即使是同样的创意产品，在不同的传播模式和效果影响下，获得的商业回报也是天差地别的。比如不同的影视剧作品，在不同的传播途径中，所得到的评价和收到的反映都是有所差距的。

从本质上来说，创意型企业的组织形态实际上就是人的组织，而创意型企业的竞争力则取决于该企业是否已经成功建立有效的制度，并以此集聚人才。根据对创意型企业的了解，我们可以向其提出以下几点启示：

1. 通过强调专业化运作，优化员工结构，以此提高组织内的协作能力

创意型企业的一大特点就是专业分工较为明确。通常说来，创意型企业可以分为三个系统。前台系统包括创意构思、消费者偏好把握、生产制作规划以及传播策略和销售方式等；中台系统则主要是产品的生产制作、传播营销方式以及消费体验等内容；后台系统则包括了信息管理、资源平台、知识沉淀以及管理平台等。

2. 网络化或建立联盟将成为未来创意型企业发展的趋势

目前，中国的创意型企业规模不大，位置分散，尤其是文化创意产业。在激烈的竞争中，中小型企业如果想提升竞争力，就必须以合作为基础，共同进步，共同繁荣，可见网络化合作将会成为一种潮流发展趋势。

在建立网络型组织时，我们要注意，网络型组织最重要的经营理念在于尊重、和平、共赢。与传统的商业模式不同，合作共赢才是网络型组织的生存法则。此外，在建立网络型组织时，必须严格遵循合作联盟的法律规则，清晰明确地规定参与合作双方的责任、义务和规则，以及约束或惩罚措施等。

3. 创意型企业需要凝聚力的建设及组织保障

凝聚力主要体现在两个方面：一是参与合作双方应该有统一的信念和行为准则，二是需要在组织设计之初就把“分与合”的问题处理好。

麦肯锡公司是咨询行业的领头羊，从创立之初就做好了明确的远景规划。

这家公司聚集了最优秀的年轻人，公司要求员工恪守道德准则，以为客户提供一流服务为己任。在麦肯锡公司看来，公司所有的分支机构都是一个个独立的整体，因此打破了公司的地域分割，将各地的分支机构统一成了一个紧密合作的新团体。

在麦肯锡公司看来，内部的合作比竞争更重要，各地雇员只要是属于麦肯锡旗下，无论身在何处，都是在为公司服务，为公司的每一位客户服务，因此，只要是公司下属机构，无论它提供的是什么服务，公司都会对其负责到底。

4. 建立卓越的知识管理制度，激发员工的创意和灵感

创意型企业是知识型组织中的一种，顾名思义，其知识工作者的知识管理成了该类型组织的核心竞争力。

卓越的知识和管理技能大大提升了知识工作者的工作效率，在学习创新的氛围下，组织和机制都保证了公司创意的产生和出现。企业将这样的管理理念扎根下来，将知识的积累和提高变为公司主要核心任务，将持续的全员学习任务作为固定制度保存了下来。

在这里，尤其值得一提的是，在创意型企业管理中，一定要注重隐性知识方面的发掘、传播和利用。所谓“隐性知识”，指的是一些内部专家或者资深人士脑海中储存的知识和经验，这些东西还未被整理成文，自然也就谈不上公司内部的交流和分享。如果确实能将这些专家的思想集合在一起，经过激烈的碰撞之后，必然能为企业带来不可估量的影响。

◎ 劳动密集型企业的激励机制

劳动密集型企业是我国中小型企业中最普遍的类型，同时也是雇用非正式员工最多的企业类型。在吸纳农村劳动力方面，该类型企业的贡献功不可没。初步调查显示，如何把握非正式员工的激励机制问题，成了影响此类企业未来长远生存发展的关键点之一。

当前中国的劳动密集型企业在雇用员工方面，更看重的是人工成本的低廉，或者某项工作的专门需要，而不是员工的个人素质或高层次的需求。根据这一情况，当前中国劳动密集型企业的经营特点一般可以归

结为以下四点：

一、经营管理以家族式管理为主。

二、主要对当地农民工展开招聘。

三、企业生产效率较低。

四、产品附加价值不高，没有特定稳固的销售渠道。

劳动密集型企业主要以雇用非正式员工为主，因此，真正影响到其生存发展的，是非正式员工。因此，要想通过建立完整的激励机制，来促使这些非正式员工为企业做出贡献，我们首先要明白这些愿意就职于劳动密集型企业的非正式员工，在职业生涯中究竟有什么特点和诉求。归结起来，有以下几点：

一、流动性强是非正式员工最显著的特点，这一特点导致该类员工的离职率偏高。

二、金钱利益是他们就职的最大目的。

三、非正式员工与企业之间一般都不存在稳定的劳动关系。

四、薪资方面弹性大，没有固定收益。

五、职业发展潜力小，基本上没有什么职业发展前景。

根据这些情况的综合调研，相信以下几点建议对目前中国的劳动密集型企业在建设激励机制方面能提供一些帮助。

1. 薪资水平是最大的激励

此前说过，这类非正式员工工作的最大目的就在于赚钱，从踏上工作岗位的第一天开始，非正式员工的脑海中就有这样一种强烈的期待：“我能赚多少钱？”因此，要吸引这些非正式员工，最快捷有效的方式就是丰厚的薪资报酬。

调查显示，在劳动密集型企业中，最能激发员工工作热情的工资方案，就是计件工资。计件工资乍一看对于员工的付出和收获而言似乎非常公平，但实际上，其中存在着很多猫腻。在有限的利润空间内，企业老板常常会采用压低单位时间内的薪资，或提高单位时间内的产量定额获取最大利润。计件工资是否公平、透明、合理，最核心的问题在于计件单价的设置是否公允。

2. 成长性教育，让员工看见企业的发展远景

调查显示，目前农民工办理社保的门槛非常高，企业要负责承担工资的28%，个人负担承担其中的11%，两者加起来占据工资总额的近40%之多。所以，在社保方面，无论是企业还是员工，都缺乏参保的积极性。

在实际调查结果中，我们发现，除了薪资之外，员工最看重的实际上还是企业的发展远景。而随着社会的发展，青年一代的农民工也与老年一代存在巨大不同。新一代的农民工，尤其是青年一代的农民工，其素质相较过去，已经有了质的飞跃。因此，相比对丰厚薪资的需求来说，他们越来越看重良好的福利报酬和公司发展的远大前景等。

3. 以良好的工作环境吸引员工

工作环境其实也属于企业为员工所提供的软性福利。工作环境的好坏，从另一方面来说，实际上也变相反映了企业的综合实力和人文关怀。

4. 提高企业管理者自身素质

领导要想有什么样的下属，首先自己就要成为什么样的人。当前我国大部分劳动密集型企业的管理者本身素质其实都不算高，尤其是在对待员工方面，经常盛气凌人、语言粗鄙。这是该行业内非常普遍的现象。

每个人都希望得到别人的尊重和礼待，非正式员工也不例外。如果企业领导能以彬彬有礼的态度对待员工，给予他们春风般的温暖，就能

获得员工的忠诚和支持。

5. 非正式员工的职业规划

每个职场中人都需要有自己的职业规划，非正式员工更是如此，相信没有任何一个非正式员工会对自己目前这种没有前途的工作感到满意。

非正式员工的流动性很强，经常变更工作单位，但这种状况显然并非出自他们的本意，而是社会逼迫他们做出的无奈抉择。任何一个人都渴望能得到一个适合自己、能稳定长期发展的职位，非正式员工对此的渴望比一般人更加强烈。因此，如果企业能主动为非正式员工制订职业规划，并对其进行培训指导，满足他们的职业发展渴望和意愿，相信他们必然会将个人的发展与企业的发展结合起来，最大限度地为企业贡献力量。

6. 设立非正式员工的“个人目标”

目标是组织和个人共同的奋斗方向。在工作中，企业和个人实际上都是在追求利益和价值，在这个过程中，不可避免地会出现一些无法调和的矛盾。为了避免这一状况的发生，在雇用之初，企业就应该根据其团队目标的情况，引导非正式员工设立与之相符的个人目标。

7. 创建让员工产生归属感的企业文化

当员工的价值在企业中得以体现并获得归属感时，他们必然能感受到企业对员工的尊重和关爱，而这也将增进他们与企业之间的感情。

8. 企业发展不同阶段的激励机制

企业的管理模式是随着企业发展的不同阶段、不同情况做出反应的。从企业创业阶段开始，一直到成熟阶段，企业的管理模式都在发生着变化。

◎ 人力资本密集型企业的激励机制

世界经济步入知识经济时代后，人力资本的重要性已经不言而喻。随着经济形态的不断变化，企业形态也开始越来越多种多样，人力资本密集型企业应运而生，成为世界经济市场中最重要的新兴企业形态之一。当今社会，如何对员工进行有效的激励控制已经成为所有企业内部掌握中的一项重要内容，而在以“人力资本”为核心的人力资本密集型企业中，这个问题更是不容忽视。

人力资本密集型企业是一种独特的新兴企业形态，与传统的物质资本密集型企业有着根本上的差异，虽然二者都属于资本密集型企业，但由于二者主体核心内容存在不同，导致在企业管理方面的重点也完全不同。

根据人力资本密集型企业的特点，建设有效的激励机制包括以下三方面内容：

1. 经济利益永远是激励机制的核心内容

1998年11月，八国经济管理研究会议在里昂举行，与会专家达成了一个共识，即人的工作表现主要取决于三大因素：利益、信念和心理状态。这三大因素共同影响人的工作状态，其中利益最为重要，可见，在以人力为核心资本的企业管理中，物质激励依然具有不可抗拒的诱惑力，是激励机制的核心内容。

从物质方面着手，可以从以下两个方面进行企业激励机制的建设和改革。

（1）薪酬福利制度的改革

薪酬福利是企业对员工最直接的物质激励，通过改革传统薪酬福利制度，可以让它更具激励性。我们可以从三点着手进行：第一点是对同一职级的员工，依据其工作表现的优劣，进行不同档次的工资分配；第二点是为员工提供超过同一行业平均水平的薪资报酬；第三点是重资鼓励向企业提出合理化建议或者成功进行技术革新的人才。

（2）员工持股计划

除了薪酬福利制度方面的改革之外，企业还可以通过借鉴国外企业的方式，建设企业内部的员工持股计划。调查显示，美国前500强企业中，超过90%的企业实行了员工持股制。在美国所有的上市企业中，也有近90%的公司实行了这一制度。在对实行员工持股制的企业与非员工持股的企业进行比较后，我们发现，员工持股企业生产率足足比非员工持股企业高出了1/3，利润高出了50%，员工收入也有差不多25%~60%不等幅度的提高。

员工持股制度一方面能激励员工努力工作，提升企业竞争力；另一方面也有“金手铐”的功效，可以防止员工突然离职。当员工持有公司股份之后，员工的付出与收获之间就挂上了钩。企业利润的多少，直接关系着员工获得红利的多少。这种状况可以让员工切实地体会到什么叫“有付出才有回报”。

2. 从权力和地位两个方面进行激励

权力和地位也是利益的组成部分，在为员工提供物质利益的同时，给予员工一定的权力和地位，也能在精神层面给予员工一定的激励与满足。

（1）以“心灵契约”留住人才

适当的人才流动能为企业带来新鲜、刺激，促进企业的前进和发展，同时也是科学技术在企业之间进行扩散的重要形式之一。但如果人才流动过于频繁，就会导致企业损失人才，技术外泄，企业利益受损。

因此，如何保持内部结构稳定、最大限度地留住人才，是人力资本密集型企业对内管理的一项非常重要的议题。

要想留住员工，就必须激发员工对企业的忠诚度。但忠诚是双向的，企业希望得到员工的忠诚，就必须首先对员工表示忠诚。在传统的雇用关系和雇用制度中，企业对员工表示忠诚最直接的方式之一，是给予员工一份安心的保障，许下终身雇用的承诺。这种承诺将员工的未来与企业的命运紧密联系在了一起，让员工与企业合二为一。

但如今，随着市场经济的发展，建立在合同基础上的终身雇用制度已经与经济大环境越来越格格不入，新的雇用契约逐渐取代了这种传统的终身雇用制，开始成为维系企业与员工之间的新纽带。

在新的契约关系中，员工对企业表现忠诚的方式，将会以个人对公司的贡献和在企业环境中的竞争力强弱为依托。企业则会以不断为员工提供发展进步的空间，以及培训成长的再教育方式作为回报。这样做的好处在于，员工在为企业付出的同时，自身能力也能得到相应的提高，在同行业中保持强大的竞争力，即使日后离开该企业，也不用担心因能力不足而找不到一份理想的工作。

如今，很多企业与员工之间都达成了这样一种共识：你必须对自己的生活负责，但如果你愿意长久为公司的发展做贡献，公司也将会长久为你提供成长进步的机会。

这实际上就是现代企业与员工之间的“心灵契约”，这份契约比起传统的终身雇用契约来说更加现实可行，既不会限制员工的自由和发展，又能帮助员工不断进步，让他们在为企业创造更多价值的同时，也能得到自我成长。

（2）充分利用人力资本的价值

人力资本既是中小型企业的核心资源，也是最稀缺的资源，如何全面利用这些稀缺资源，使其得以发挥出最大作用，几乎是每一个中小型企业都重点关注的问题。

要充分利用人才，就必须把他们安排在最适合他们的岗位之上，企业可以进行内部公开招募，采取轮换工作的方式，让这些技术人员接受多方面的训练，并在实践中发现最适合自己发挥才能的岗位。此外，对于特别出色的技术人才，企业还可以为其“量身定制”某些工作任务，以充分发挥其能力，为企业带来效益。

（3）重视员工的未来发展空间

目前来说，我国很多企业，尤其是资金力量有限的中小型企业，为了节约成本都容易进入一个误区，即对待人才“只使用，不培训”“只管理，不开发”。这种做法对员工是极其不负责的态度，对于企业本身来说也是弊大于利。

一方面，在科技高速发展的今天，几乎每天都有科学技术在推陈出新，如果企业不愿意投入对员工的培训，那么很可能会让员工与先进技术脱节，故步自封，最终失去科技竞争力。而企业也将因此而失去发展后劲，最终只能被市场所淘汰。

另一方面，企业不为员工提供培训机会和发展空间，会让员工对未来失去信心，从而另谋高就、另寻出路，导致人才流失。要知道，员工对企业的忠诚是需要回应和回报的，如果企业能设身处地为员工着想，重视员工的未来发展空间，为员工提供满足其需求的上升通道，员工与企业之间才能建立起长期合作关系，双方才能相互回报。

3. 从企业文化层面进行激励

企业文化是体现企业管理、形象、理念的平台，在激励机制中发挥着巨大的基础作用。如果真正能做到“以人为本”的企业文化，必然能对员工产生巨大的激励作用。

（1）尊重员工的人格

人力资本密集型企业基本上都是科技型中小企业，其员工构成与传统企业相比，拥有高智力和高学历等特点，这一特点决定了其员工在工作上的期待值比传统企业员工高，除了对物质利益要求高之外，他们对精神体验的要求也相当高。

因此，在与这类人才打交道的过程中，领导时时刻刻都应该有尊重其人格的意识。员工与企业从法律上来说是雇用关系，员工付出劳动，企业支付报酬，双方的地位应该是平等的。员工不是企业的奴隶，更不是领导的仆人。领导只有切实做到尊重员工的人格，员工才能获得满意的精神体验，保持与企业长久合作。

作为企业领导，一定要明确这一点。

（2）重视沟通与协调

市场形势瞬息万变，一个企业要适应市场竞争，其员工就要具备一定的机动性。此外，企业的运作是很多人和团队共同开展的，企业要想在瞬息万变的市场竞争中抓住机会，灵活应对，就必须保证企业上下能建立有效的沟通与协调机制。

此外，保证沟通与协调的通畅无阻，实际上也是一种对员工尊重和信任的表现。只有在有效的沟通协调下，领导的命令才能最快下达基层，员工的反馈才能迅速上传到管理层，如此一来，企业才能在效率第一的竞争中屹立不倒。

（3）竞争与合作的个性化结合

中小型企业最大的核心力量就是员工，要想在激烈的市场竞争中立于不败之地，企业就必须想尽一切办法，调动员工的积极性、主动性和创造力。

要做到这一点，企业内部就必须始终保持一定的竞争压力，通过这种压力促使员工勇当先锋，力争上游，以此推动企业的发展。

企业就如一支团队，团队成员之间只有相互协作，才能发挥出团队的最大优势和力量。这就要求企业员工在相互竞争的同时，也要学会相互合作，相互配合，使团队高效运转。

（4）创新自由的工作氛围

要想成为卓越的企业，就必须有独特的创新文化。好的文化并不一定要特立独行，但一定要让人感到舒服，愿意接受。在工作中，企业应该给予员工自由发挥的空间，并允许员工按照自己的意愿安排自己的工作方式。作为领导，其主要任务就是为员工设置稳定连续的工作目标，至于该目标如何达成，则应交由员工自行决定。只要员工能圆满完成工作任务，不管采用何种方式，领导都应给予支持。

另外，领导应该尽可能配合员工，为其提供完成任务所需的一切客观条件，给予其物质和精神上的双重支持。

企业给予员工自主权能最大限度地激发员工的内在潜力，对员工的支持能让员工产生对企业的归属感，从而奉献出自己最大的忠诚之心，尽最大努力发挥自己的技能和创造性的思维能力。

◎ 创业型企业的激励机制

所谓“创业型企业”，指的是那些处于创业阶段，成长快但伴随着高风险的开拓型企业。总结起来，创业型企业大致有三个特点：经济实力弱、发展潜力大、组织管理体系不健全。

数年前，美国某机构曾对200家发展最快的创业型企业做过一项调查，这200家企业的CEO最关心的问题中有两个重合率最大：一是如何为公司寻觅最优秀的人才，二是如何留住这些人才。

创业型企业处于发展的起步阶段，未来的发展状况完全取决于公司的发展后劲，而公司的发展后劲则是由员工的能动性和创造性所决定。因此，创业型企业要想在竞争中脱颖而出，最终占据商业市场的一席之地，就必须充分激发员工的工作积极性和工作热情，推动企业提高整体工作效率，从而实现公司的发展目标。

而要做到这一点，企业就必须与员工建立起良好的关系，并激励员工充分调动工作积极性，在工作中充分发挥自己的能力，为企业创造辉煌的业绩。能否成功激励员工调动工作积极性，则正是企业领导做好管理工作的关键。激励可以说是现代管理中最重要，同时也最困难的一项技能。

根据创业型企业的基本特点，我们可以从多层次、多角度来构建员工的激励机制，力求满足不同类型员工需求的同时，又能实现激励措施之间的协调互补，以达到最大的激励功效。对此，我们可以从以下几个方面进行考虑：

1. 共同愿景

创业型企业短时期内在同行业中通常处于落后地位，评估它的价值，主要还是着眼于未来的发展。为了激励员工向着共同的方向努力，领导就应引导员工，并为他们设立一个未来的共同愿景，让其成为漫漫长路上的灯塔，指引着企业前进的方向。

2. 激励策略

设立共同愿景之后，为了激发员工的热情，领导还必须配合必要的激励措施，共同促进企业发展。在设定激励措施时，首当其冲要考虑到的，就是物质激励。物质激励是最基本的一种激励策略，同时也是最简单直接、最具成效的激励方式。高薪酬、高福利，这些都属于企业为员工所提供的物质激励。

不仅物质激励很重要，精神激励也同样重要。每个人都有受到肯定、争取荣誉的渴望，领导可以在对那些于企业有杰出贡献的人进行表彰、进行物质激励的同时，也授予其荣誉称号，让其成为企业员工的榜样和标杆。

此外，还有政策激励。政策激励可以直观地反映员工对企业的贡献，从而减少其他人的疑虑和猜忌，用明确的考核结果来对员工实行不同程度的嘉奖。这样的方式既能让员工清楚地看到自己的贡献，从而增添任务达标的参与感，也能起到更为显著的激励效果。

3. 分权策略

创业型企业规模都比较小，管理结构也较为精简，员工数目也不多。在具体的日程管理方面，企业领导可以考虑适当放权，分配给某些表现优异的员工一部分权力，激励其更好地为企业服务。这也是企业培养后继干部的一种途径，可以避免在不断发展壮大期间，企业陷入无人可用的尴尬境况。

4. 员工满足感

从现实条件方面来说，创业型企业比不过其他已经基本成型并且规模大的企业，但也有自己独特的优势——不可预测的发展前景。由于在短期内，很多员工难以得到与自己贡献相符的工作待遇和环境，因此为了保持员工对企业的好感度，领导应该从其他条件方面增强企业的竞争力，比如尽可能多地引导员工在工作中得到满足感等。当员工感到自己备受重视时，必然会投桃报李，更好地发挥工作职能。

激励是一种行之有效的管理手段，但面对不同的员工，要注意采用不同的激励方式，因为不同的激励方式会导致不同的结果。激励没有固定模式，更不是死记硬背下的语言所能替代的，我们提出的方式，实际上只是给大家一个参考。

此外，在实施激励机制的过程中，我们必须注意以下几点：

1. 激励机制与企业战略性发展必须相匹配

创业型企业在设定战略目标和制订发展计划时，根本目的是为了给企业设定一个目标，让企业朝着正确的方向前进。而员工激励机制的建立则是为了鼓舞员工更积极更投入地工作。因此，激励机制与企业之间必须达成一种默契，使员工激励机制与企业的其他战略性规划相匹配。

2. 建立有效的沟通机制

创业型企业在一段时间内，往往缺乏提供高报酬或高福利激励的能力，因此较难获得员工的忠诚和认同感。客观条件的限制的确难以突破，因此企业只能将激励员工的重点放在关于未来愿景的设想上，比如未来可能达到的收益、规模，以及可能在工作方面获得的成就感，等等。这就要求企业与员工之间必须建立起有效的沟通机制，以方便企业与员工之间的交流，同时也方便企业解答员工疑惑，令其对企业未来的愿景充满信心。

3. 根据企业的发展需求，新激励机制也应有所变化

创业型企业是不断发展壮大的企业，不仅外部环境变幻莫测，企业内部的经营情况等也不断变化。随着企业情况的变化，员工对工作的期待和回报需求自然也会相应地发生变化，因此，为了激励员工，激励机制也应随之改变，以适应员工和企业的需求。

创业型企业的发展往往非常快，因此，其员工激励机制也需要时时根据企业发展的情况做出调整，增添新的激励内容，这项举措对于企业储备干部人才，是有非常重要的作用的。

第五章
领导在激励机制中的定位

激励是一种自上而下的行为，自然也是企业领导的分内事。身为领导，身为企业的管理者，如果我们要想让激励取得好的效果，就必须明确自己在激励机制中的定位。只有这样，企业的激励机制才能顺畅地运转起来。

◎ 领导算不算被激励的那个人

作为领导，最重要的任务就是激发出员工的最大潜能，引导员工在工作中获得成就感和自信心，不断提升，不断向前，从而为企业建立一支优秀的团队。优秀的领导，并不是成为聚光灯下最闪亮的明星，而是站在幕后将自己亲手培养的员工送上舞台进行精彩的表演，这是领导在团队中的定位，同时也是领导最重要的职责和任务。

每个企业都有自己的激励机制，一方面用以吸引人才加入，一方面用来留住老员工。而在这种激励机制中，领导扮演的角色至关重要：领导是榜样，是管理者，是领头人……领导在激励机制中发挥着举足轻重的作用，是企业激励机制的直接执行人。那么，在这些面向员工的激励机制中，领导的定位究竟是什么呢？领导又能从中得到什么呢？

1. 员工的榜样

首先，作为一支团队、一个部门甚至一家企业的带头人，领导的一言一行、一举一动，无不受到广大员工的关注，领导的形象、决策、习惯无一不影响着团队的工作氛围。从某种程度上来说，领导是员工的榜样：领导做得好，员工会争相效仿；领导做得差，员工也会跟着沉沦。

有人说过这样一句话：**“如果你是一个人的领袖，你应该用心去管理；如果你是十个人的领袖，你应该用语言去管理；如果你是一百个人的领袖，那你就必须用形象去管理。”**可见，作为领导，形象有多么重要。

形象并非指外貌，而是指外在表现。领导的良好形象并不是指外表要长得多帅，打扮得多潮，而是说精神面貌要好。归结起来，领导的良好形象主要有两个重要特征：一是志存高远；二是认准事业目标，坚持不懈。

做到了这两点，领导基本上就有资格为员工树立榜样了，在激励机制中，就能实施榜样激励法，以身作则来鼓舞员工的士气。

而在以身作则、鼓舞员工士气的过程中，领导个人的内在形象气质也会有一个质的提升和飞跃，这可以说是领导在激励员工时获得的最宝贵的东西。

2. 企业的管理者

企业管理者是领导最直观的表象身份，不管这名领导究竟能不能用个人魅力征服员工，只要他没有被调职，没有离职，他就始终是该企业的管理者。

一名合格的企业管理者，应该具备化解矛盾、解决问题、克服困难等技能水平，此外还要具备征服员工的个人魅力。如果想进一步成为一名优秀的企业管理者，赢得员工的尊重和认可，还有一点非常重要，那就是必须具备谦和的态度。

在什么都追求速度的今天，谦和已经被很多人抛弃了，人们在职场中都迫不及待地要想展现自己的能力和优势，以谋取更高的职位和报酬，还有多少人能记得谦和呢？但作为企业管理者，你就必须要有这样一个意识：即使你身居高位，才华横溢，具备常人所不及的能力和天赋，你也不可能全知全能，你仍然会有缺点和不足，会有错误和失败。你必须将你的天赋、才智与谦逊、和善相结合，只有这样，你才能得到员工的拥护和喜爱，从而让他们服从你的领导，跟随你的步伐，推动企业向前发展。

谦和最直接的表现是在语言上，这是人与人之间最简单直接的交流方式。在与员工对话时，领导要注意以平缓的语气开始，尽量收敛起锋芒。说话要直接清晰，尊重别人发起的话题，即使遇到自己不同意的问题，也不应针锋相对。

在谦和的谈话过程中，你会发现，相比直接粗暴的交谈和反对来说，这种交谈方式让人如沐春风。更神奇的是，很多时候，你的谦和隐忍反而更容易让对方放弃自己的立场，最后被你说服。

此外，领导的谦和还表现在听取员工的批评建议上。一位合格的领导必定拥有宽广的胸怀，能听取别人的意见。只有乐于听取别人的意见，并虚心改正自己的缺点的人，才能成为员工的榜样。

很多时候，领导都容易陷入一个误区，认为员工提出与自己相反的意见，就是故意违逆自己，反对自己，跟自己唱反调。领导一旦有这种想法，就应该冷静下来，然后再去做判断，认真思考员工提出的反对意见究竟是有意唱反调，还是为了企业好。

人都喜欢跟态度谦和的人打交道，员工也一样，领导谦和的态度能让他们感受到企业对自己的尊重与维护。

3. 员工的“心灵导师”

为了保证员工对企业的忠诚度，除了给予优厚的福利待遇之外，各个企业还应尽可能地展露出自己的人文关怀，以此作为吸引人才的软性福利。

人很容易受到情绪影响，很多时候，工作和生活中发生的事情，都可能对员工的情绪造成巨大影响，这种影响有时甚至直接影响到了员工的工作效率和工作成果等。因此，作为企业领导，为了维护企业的利益，保证员工的工作质量，就必须时时关心员工的生活情况和心理情况，必要时还应该帮助员工排解内心负面情绪的困扰，充当员工的“心灵导师”。

4. 制度的监察人

领导最重要的任务，是带领员工齐头并进，推动企业的车轮向前滚动，而在这个过程中，领导除了要将员工凝聚起来之外，还要注意杜绝队伍中的“害虫行为”，做好制度方面的监察控制。

在这里存在一个问题，正所谓权力越大，诱惑越大，作为制度的监察人，实际上领导比员工更容易钻空子，也更容易在制度的灰色地带获利。因此，要想做好制度监察工作，领导就必须具备异常坚定的意志和正直的品行，要能在诱惑面前坚决说“不”。

中国有句话是这么说的：“上梁不正下梁歪。”要想建立一个人人自觉、清廉、诚实的企业，领导首先就要成为员工表率，做公平、公正、公开的裁决人。如果领导自己都其身不正，又有什么资格指责下属呢？而跟随这种其身不正的领导，恐怕员工会争相效仿，抱着“能捞一笔是一笔”的思想，长此以往，企业必然会被内部的蛀虫蛀空，最终轰然坍塌。

5. 引导者和领头人

此外，领导在团队中还是整个队伍和全体员工的引导者和领头人。领导必须谨记，自己的一言一行、对事对人的态度无不左右着团队，对员工有着重大影响。因此，作为引导者和领头人，领导应该让自己时刻保持积极乐观的心态，只有这样，才能带领员工克服困难，超越苦难，创造精彩的未来。

领导是团队的核心，是团队成员的领袖，领导的行动和表现，无论是积极的还是消极的，都会产生情绪传递，对员工产生影响。**医学博士尼古拉斯·克里斯塔斯基在接受《纽约时报》记者采访时曾表示：“你的快乐并不仅仅取决于你的选择和行动，同时也取决于那些你甚至不认识的人的选择和行动。”**

情绪就如同一种传染病，消极的领导所带领的团队，承受压力的心理素质和技能必然都不会太强，而积极乐观的领导所带领的团队，即使技能有所欠缺，但积极乐观的心态仍值得学习。

◎ 善于讲故事的领导

讲故事是人在社会上传递价值观的一种古老方式，人都喜欢听故事，一个好的故事能触动人内心最柔软的地方，并激励人们，教育人们。

故事所传递的思维模式和行为模式，往往比大张旗鼓的宣传和教育更容易被人们所接受，因此，善于讲故事已经成了现代企业领导的必备技能之一。

我曾经在公司举办过一场活动，针对管理阶层的“讲故事推广活动”，要求各个部门的领导人用讲故事的方式传达公司的某些价值观和文化观。这项活动经过推广之后，会议情况大为改观。最令我感到欣慰的一点是，在会议上打瞌睡、神游的人大为减少。

讲故事是一种向别人传递自己思想的方式，同样的故事经过不同人的加工之后，传递出来的信息也有所不同。故事如同思想的载体，当我们对别人讲述一个故事时，实际上在不知不觉之间已经将自己的某些思想融入了故事中，以故事为载体，传递给对方，这种方式要比直接生硬地向对方灌输思想好得多。

曾经看过这样一个故事，受益匪浅：

八年前，我曾在一家公司上班，直属上司是一名德国人。他和多数德国人一样严肃认真、不苟言笑。每一次交代给我工作任务时，他都像机器一样严肃，不带任何感情。有时我很想跟他交流一些问题，但一看到他那张呆板的脸，立即就打消了这种想法。

因为他的不苟言笑，曾经跟我同时进入公司的好几个高管都选择了离开。事实上，我也多次想过要离开，但我始终没有迈出那一步，而是熬到了他退休，接替了他的职位。

后来，我经常对员工讲起这个故事，我告诉他们，在那家公司工作的经历让我受益匪浅，尤其是在那名德国人手下工作的那段经历让我明白，不管在工作中还是在生活中，都要用轻松愉快的方式，潜移默化地去影响他人，激励他们前进。员工听了我的这个故事，一时间掌声如雷。

到目前为止，我认为最有效的方式仍然是讲故事。

很多人年幼时对外界的认知和对事物对错的判断标准，实际上都来源于各种各样的故事，或者是童话故事，或者是神话故事，或者是寓言故事。当我们无法将复杂的世界观和价值观传达给孩子时，引导他们认识世界的方法就是讲故事。事实上，这种方法在成年人身上同样适用。

每个人都喜欢听故事，人们容易沉迷于小说或者电视剧，正说明了这一点。在阅读小说和观看电视剧等作品的过程中，我们极易受到其中所传递的价值观影响，从而对人对事转变看法。

作为领导，以讲故事的方式去引导员工，传递企业的价值观和世界观，比直接用生硬的语言讲大道理要有用得多。但故事并不是随随便便就能讲的，当我们只将故事当作娱乐时，自然能天马行空，但领导向员工讲故事，常常隐含了传递思想的教育目的，所以领导讲故事与普通人讲故事是不同的。

著名的企业管理专家诺尔蒂奇先生将领导常讲并且必讲的故事归结为以下三类：

1. 以“我是谁”为故事核心，帮助员工了解你，拉近彼此距离

人们对别人的评价，在很多时候都受到感情的左右和影响。当我们喜欢并且亲近一个人时，即使他偶尔做错事，我们对他的评价也不会因此而一落千丈，反而可能以宽容的态度对他表示理解。但当我们不喜欢一个人时，哪怕他没有做错事，也总会让我们感到不快。

作为领导，要想让员工服从你的管理，首先就必须获得他们的认同和好感，而要获得他们的认同和好感，第一步就要让他们认识你，记住你，对你有一个不同寻常的了解。

作为领导，首先要学会向员工讲述的第一个故事是——“我是谁”。

华为董事长任正非曾声情并茂地向他的员工讲过《我的父亲母亲》的故事，感动了华为上下所有人，其丰富的感情世界、不向命运低头的顽强不屈和奋发图强的进取精神，无一不激励着华为员工。美国总统奥巴马也正是通过讲述自己的故事，获得了选民大量的选票，在选举中声名鹊起。

2. 以“我们是谁”为故事核心，增强团队凝聚力，同时传递团队目标和团队价值观

“我是谁”是领导定义自我、走近员工的第一步，让员工对自己有了初步了解，留下第一印象之后，下一步应该让员工与自己站在同一阵线，增强团队凝聚力，这需要通过讲述“我们是谁”为核心的故事来实现。

讲述“我们是谁”的最终目的，是要通过故事来阐述团队的理念和文化，给整个团队灌输一个统一的集体价值观，一方面引导大家接受并认同团队理念，另一方面通过统一的价值观来增强团队凝聚力。

3. 以“我们向何处去”为故事核心，描绘团队未来的发展蓝图和愿景，激发团队的工作热情

第三类故事，是以“我们向何处去”为核心内容所阐述的故事，适合于在已经形成团队，并且成功唤醒员工团队意识之后讲述。该故事的最终目的，是要让员工明确组建团队的最终目的是什么，有怎样的发展蓝图和规划，体现了怎样一种原则和追求。这是关于团队未来愿景的故事，领导通过讲述这类故事，给员工一个憧憬和希望，激发团队成员对成就的渴望及实现理想的热情。

亨利·福特曾说过，要让“每个人都拥有一辆汽车”。杰克·韦尔奇成为GE董事长兼CEO时说过，要让“GE成为数一数二、赚钱最多的多元化公司”。他们说的这些豪言壮语，就是在为他们的团队描绘一个美好愿景，就是在为企业树立一个前进的目标。

正是这些伟大的愿景，在团队最困惑时指明了方向，激励员工勇敢前行，自我突破。

三类故事传达了企业领导到组织，再到员工的价值观的统一。每位领导都应该深谙讲故事的技能，在适当的时间向员工讲述适当的故事，用最简单的方式传递复杂的价值观和世界观。

在这里，我希望和各位分享一下，一个好的故事至少应该包括以下这几方面要素：

（1）生动的故事情节

故事最吸引人之处，在于生动丰富的情节。人在听故事时，思维会随着情节发展，如同经历了一场旅行。越是生动真实的情节，越能让人

感受到精神世界的触动，也更能让人感觉身临其境。当员工在现实生活中遇到类似故事中的情节时，就会联想起曾经听过的故事，以及当时故事主人公处理问题的方式，并以此作为参照处理问题。

这也正是领导向员工讲故事的目的。

（2）符合组织需求的故事内容

领导讲故事，不是为了娱乐，也不是为了消遣，而是为了影响员工，让他们接受团队的价值观。因此，领导讲故事时选取的故事内容、着重点，一定要符合组织需要，至于故事背景、参与者等，则没有过多要求，可以是真实的，也可以是编的。只要记住最重要的一点，那就是讲述这个故事的目的是为了向员工传达某种观念，因此故事的发展、导向一定要符合组织的需求，并且要清晰，否则可能会令人感觉不知所云，甚至可能产生反作用。

（3）符合实际情况的兴奋点

在选择故事时，一定要考虑听众的层次和需求，以及当时听众所处的环境。每个人的兴奋点都不一样，一个故事无论多么精彩，如果无法触及听众的兴奋点，那么这个故事在听众心中不过是蜻蜓点水，留不下任何痕迹。因此，在讲故事时，首先要懂得考虑听众的兴奋点。

（4）跌宕起伏的戏剧性

故事一定要具备能给人惊喜的戏剧性。在听故事时，如果其中出现一个生动形象的角色，则很容易吸引到别人的注意力。

（5）能触动人心的价值

故事一定要有价值，有价值的故事才能触动人心，让人产生新的认知和改变。

◎ 让激励如阳光般洒到每个人身上

企业如何在竞争中立于不败之地？企业长久发展的推动力究竟在何处？无数优秀企业用成功的经历告诉我们：推动企业进步最宝贵的资源和最强大的动力是员工，员工是企业最宝贵的资源和最关键的成功因素——人力资源。

激励是最有效的领导方法，作为企业领导，是否善于激励员工，发掘其内在潜力与价值，直接影响到了员工的工作业绩和价值贡献。

美国著名心理学家威廉·詹姆斯说过："被人赞美和尊重是人类本性最深的企图之一。渴望赞美是每个人心中最基本的一种欲望。我们都希望自己的优点和成绩能得到别人的肯定和认同，哪怕这种渴望在别人看来确实带着几分虚荣。"

利用人性对赞美的渴望，领导可以化激励为力量，推动员工奋勇前进，创造奇迹。

曾经看过这样一个故事，在此跟大家分享：

一位老先生因身体不适，去医院看病。经过检查，医生发现他患有肝癌，并且已经到了晚期，但为了避免给他造成强烈冲击，医生决定不告诉他这一事实，希望通过治疗能缓解其病情，让他多活一段时间。但这位老先生由于不清楚自己的身体状况，对治疗的配合非常不积极。无奈之余，医生决定将诊断结果对老先生和盘托出，但同时也希望老先生能对生命中最后的生活充满希望，于是决定对他采用"攻心术"，让他乐观面对。

医生先给老先生播放了一些影像资料，随后才告诉他，他已经被确诊为肝癌，但只要愿意积极配合医院治疗，就还有康复的可能。

在后来的治疗中，老先生开始积极配合医生，让医生深感欣慰。在每次治疗结束之后，医生都会拿来拍片结果给老先生看，告诉他，片子上的一个黑影随着治疗渐渐呈现出减小的趋势。老先生心里的希望之火就此点燃，精神状态逐渐好转，之前滴水不进的情况也得到了改善。

医生每次展示完片子之后，都会对老先生详细叙述他的病情好转情况，并夸奖他积极配合治疗的表现，这些都极大地鼓励了老先生。

半年之后，医生批准老先生出院，并嘱托老先生的家属对其好好予以照顾，等复查时再来。

当时，老先生的病情其实非常危险，医生此前对老先生说的那些话、展示的那些片子，不过是用来促使老先生在剩下不多的日子里保持乐观态度的“善意谎言”。

但令人意外的是，到了复查那天，医生给老先生检查完后，发现了一个难以置信的事实：这次老先生的片子显示老先生的身体状况有所好转，已经脱离了危险期，只要注意饮食，几乎不会再有什么问题。

从以上事实可以看出，奇迹往往诞生于激励之中。正是医生对老先生的激励，复苏了他原本早已绝望的灵魂，促使他产生了对抗病魔的力量。

激励如同点燃希望的火种，让人即使在绝望的黑夜之中也能看到黎明之光，让人在成长进步的道路上能越走越远。

在企业中也是如此，当领导希望员工能达到自己的某种期望时，与其义正词严地告诫他应该怎么怎么做，不如用美好的语言和对未来愿景的描述去激励他们。告诫往往会造成压力，让人从希望陷入绝望；激励反而能给人信心，让人从绝望走到希望。

我有一位朋友A在某企业担任高管，对待下属极为严厉，员工在背后戏称他为“黑面金刚”。但有一段时间，我清晰地感受到了A君的变化。

一次朋友聚会时，我们共同的一位朋友B因为刚刚离婚痛苦至极多喝了几杯，开始趴在桌子上大哭大喊。按照以往A的个性，A绝对会把B丢出去，然后义正词严地教育一番，说些比如“你不是男人啊？”“没有骨气！”之类的话。

但令人感到意外的是，这一次A不仅没有这么做，反而开始安慰起B来，历数B的优点，还跟酒店的漂亮女服务员开玩笑说B很有魅力。

A的这种变化让我很奇怪，在聚会结束之后，我问他为何会产生这么大的变化。他笑了笑，跟我讲了一个发生在他儿子C身上的故事。

在他讲的这个故事里，在学校，有一次C和一个同学发生冲突，两人扭打到了一起，C顺手从地上拿起一块石头，正准备要砸向同学头上，就在这千钧一发之际，班主任突然一声呵斥，C马上住了手，与那个同学一起从地上站了起来。

C很快就被班主任叫到办公室，当C战战兢兢地走进班主任办公室，准备接受责骂时，让他意外的是，班主任却递给他一块糖，说：“这是给你的奖励，因为你很守时。”

C一头雾水，不明所以，此时班主任递给他第二块糖，说：“这也是给你的奖励，你在打同学时，我让你住手，你马上就停止了，这说明你很尊重我。”

C愣住了，不知该做何反应，这时班主任又递给他第三块糖：“根据我了解的情况，你之所以会跟同学打架，是因为他欺负了另一位同学，说明你很有正义感，所以这也是对你的奖励。”

C的眼泪哗哗直流，握着手里的三块糖哭着说：“老师，我错了，不管怎么样，我都不应该打同学。”

班主任笑了笑，递给C第四块糖，说：“好了，这是给你的最后一个奖励，因为你已经知错了。今天我们的谈话就到此结束吧。”

C回家后把这件事情告诉了A，并主动给被自己打了的同学写了一封道歉信。这让A十分震惊，因为C是小区里有名的小霸王，脾气向来火暴，但班主任那几番话居然让C声泪俱下，还认错忏悔了。

这件事对A触动很大，他开始意识到好孩子都是夸出来的，而且他还举一反三，认为员工也一样。

这个认知被他运用到了企业管理上之后，被他夸出来的好员工远远比被他骂出来的多。

由此可见，激励能使人进步。试想，如果班主任没有以这样的方式来教育A的儿子C，而是从一开始就认定他犯下大错，继而给予其责骂和惩罚，那么情况会是怎样的呢？相信C很可能会再次坐实“小霸王”的外号，心中的不满和愤恨很可能导致他再次与那名同学大打出手。但班主任并没有这样做，他甚至都没有主动提起C犯下的错误。相反，他将C的优点一一列出，并大加赞赏，这实际上在无形中表达了对C的期望。这种激励方式不仅让C意识到了自己的错误，而且让C发掘并肯定了自己身上的优点。

相信在以后漫长的人生中，每每想到此事，C都会感触颇多，受益匪浅。

人的进步，虽然更多地在于自己的努力，但外界因素所造成的影响也不容小觑。有道是“激励使人进步，打击使人落后”，无论在世界上哪一个国家，无论文化习俗有什么不同，对于人们而言，激励都是照耀人类心灵的阳光，促使他们积极上进。

作为企业领导，应该带着欣赏的眼光去看待下属，一句普普通通但发自内心的激励之词，对于领导而言不过是一句话，但可能会成为他人进步的原动力，让他人原本平凡无奇的生活充满温暖、欢乐，在激励的光芒照耀下，员工才能茁壮成长，将企业推向辉煌的巅峰。

◎ 领导的角色定位和扮演

美国第17任首席大法官约翰·罗伯茨在就职演讲中是这样给自己的角色定位的，他说：“法官只是裁判员。”的确，裁判员应用规则但从不制定规则，这个认知对于法官来说至关重要。法官不是法庭上的神，而是规则的执行者，根据法律的规定，做出最后的裁决。

任何人担任社会角色，都有不同的定位，不管身处什么位置，只有先做好自己的角色定位，才能将自己的角色扮演好，维持整个团队乃至社会的正常运转。比如法官就应该做法官这个角色定位内的事情，不能去插手律师或者检察官的角色，而律师和检察官也一样，不能想去做法官职能范围内的事情。

团队的领导也一样，如果不能给自己进行明确的定位，依然把自己等同于自己的团队成员，后果就会难以想象。企业就像机器，由千千万万个零件所组成，每个零件都有自己固定的位置和功能，如果零件发生错位，就会导致机器无法运转或产生故障。

关于角色定位，我们应该明白，尺有所短，寸有所长，量短要用寸才精确，量长则要用尺才顺手。除此之外，我们还应该明白，职务与角色定位之间并不永远是一对一的关系，由于环境、情况存在不同，我们所扮演的角色在定位上也会存在一些差别，那么，作为企业领导，我们在企业中，究竟需要扮演哪些角色呢？

1. 做好团队火车头

所谓“领导”，就是站在队伍最前方，领导队伍向前进的人。如果说团队是一列火车，领导就如同火车头。作为火车头，领导需要做的事情是掌握好前进的方向和进度，确保团队按照既定方向行驶，不脱轨，不迟到。

既然是火车头，担任的就是指挥者角色，发挥的就是指挥作用。不管火车载人还是载货，火车头都不是执行者。运载人和货的是火车头后的车厢，也就是员工。

事必躬亲一直是种认真负责的美德，但它并不适用于领导身上，越是大的团队，领导越不能也不可能做到事必躬亲。每个人的精力都是有限的，不管一个人的精力多么旺盛，都不可能只依靠一个人的精力就能负担起整个团队乃至整个企业的工作。

况且，正所谓“术业有专攻”，领导插手员工的工作，未必就能比员工做得更好，即使领导比员工博学多才，更加优秀能干，但在某些领域，未必能比员工掌握更好的技术，拥有更符合市场规律的见解。

火车头虽然位于火车最前方，对整个火车的行进有着至关重要的影响，但火车头的空间是有限的，装载完必要的动力设施、控制方向的各种零件等必要设施之后，剩余的可利用空间微乎其微，不管载人还是载货，都不能发挥最大的能动力。

所以，在其位谋其政，领导就要做好领导的事，员工就应该负责员工的事。领导是企业的火车头、指挥者，需要做的事情是掌控好团队前进的大方向，制定企业发展的大方略，至于细节方面，可以放心大胆地交给团队，这是对团队的信任，也是对团队的激励，更是促进团队成长的必由之路。

2. 做好企业的“大家长”

但凡是优秀的大企业，都是充满了“人情味”的企业，让员工体会到一种归属感和一种来自家庭的温暖，从而强化员工对企业的忠诚度和奉献度。**日本著名企业家岛川三部曾自豪地宣称过：“我最大的经营本领就在于，可以将工作娱乐化和家庭化。”无独有偶，索尼公司前董事长盛田昭夫也说过类似的话：“日本企业最重要的使命，是要培养与员工之间的关系，在公司创造出一种家庭的情感，一种管理人员与所有员工一起，同甘苦、共命运的牵绊。”**

可见，作为领导，在培养与员工的情感关系上，你还要懂得扮演好“大家长”的角色，让企业呈现出家庭的氛围，用心去教育、管理、关心每一个雇员，就像对待自己的孩子一样。

1939年，IBM创始人沃森组织了三万名员工前往纽约，参加世界博览会的“IBM日”活动。他包下了十列火车，打算将员工从恩地科特工厂浩浩荡荡地送往纽约，但在途中发生了意外，一列满载IMB员工家属的火车和纽约地区的另一辆火车发生了追尾事件。

沃森收到这一消息时，已是凌晨两点，他二话不说，赶紧带着女儿开车前往事故现场。幸运的是，在这起意外事件中并没有人员死亡，但约有400人重伤。沃森赶紧打电话告知了纽约总部，总部立即雇了大批医生和护士，把他们送达事故现场，另外还安排了一列新的火车，用来运送那些在事故中没有受伤、不需要治疗的人员前往纽约安顿下来。

一切安排妥当之后，天已经大亮，沃森和女儿一直留在医院，陪伴并慰问那些伤员。

一直到第二天深夜，沃森才回到了曼哈顿，回去后他所做的第一件事就是安排花店立即行动，并确保在第二天清晨时给每个伤员的家庭送一束鲜花。

这件事情一直被IBM的员工们深深铭记于心，沃森对员工的关心，让IBM的员工们紧密团结在一起，最终成就了IBM这样一家充满传奇的“蓝色巨人”公司。

但凡是聪明的领导，都懂得善待员工、重视员工，将员工当成家人、朋友，给予其感情上的投资，以换取员工的忠诚和尽心尽责，从而增强企业的凝聚力和战斗力。

3. 做好舞台幕布后的“策划人员”

当荣誉降临之时，很多领导都会利用自己身居高位的职权“挺身而出”，荣誉加身，但殊不知，当领导将功劳全部揽在自己身上，站在荣誉的舞台上接受聚光灯的照射时，却寒了手下那些兢兢业业、刻苦奉献的员工的心。

每个人都渴望获得荣誉，渴望自己做出的成绩得到大家的肯定和认可。领导自然也不例外，但作为团队的指挥者、领导、负责人，本身已经身居高位，拥有一切，是不是可以做出一点牺牲，将少许的荣誉分到团队成员身上呢？

看看下面这个古代的故事，或许能明白一些道理：

刘备率军进攻许昌，败于曹操，一路逃窜，极为狼狈。刘备对手下的将士们痛哭流涕，感叹道：“你们都是有王佐之才的人，却不幸跟了我刘备。我命途多舛，连累了各位啊！你们还是抛弃我去另投明主，建功立业吧！”

将士们原本士气低落，军心涣散，但听了刘备这番话之后，负面情绪都烟消云散，并决定一心一意追随他。

与刘备的领导方式形成鲜明对比的是袁绍。袁绍本来出身名门，权势滔天，兵强马壮，实力强大，威震中原，但他这人刚愎自用，好大喜功，最终一败涂地。在官渡之战中，袁绍的谋士田丰劝他不要出兵，否则必败无疑，袁绍勃然大怒，将田丰打入大牢。结果官渡一战，袁绍惨败，但他不仅没有向田丰承认自己不听劝告导致失败，反而觉得自己的失败被田丰言中，面子丢尽，于是一怒之下，赐死了田丰。袁绍这种做法，让将士们极为心寒，从此，袁绍众叛亲离，四面楚歌，最终彻底失败。

刘备与袁绍是两种截然不同的领导，刘备总是将过失揽到自己身上，将荣誉的光环让给将士，正是这样一种行为，让刘备在数次几乎全军覆没的绝境之中，依然能留住人才，让他们忠心耿耿为自己效力，助自己东山再起。反观袁绍，他是那种典型的“功劳自己领，黑锅手下背”的领导，这种领导即使拥有优越的先天条件和强大的实力，也难以留住人才，因为他没有获得员工的心，当支撑他的霸业最重要的资本——人才——散尽之日，也就是袁绍灭亡之时。

一位成功的领导，不应垂涎于眼前的荣誉，而应该放眼未来的荣誉。当一位领导能放低身段，甘心做舞台的幕后人员，将上台领取荣誉的机会让给团队成员时，必将打造出一个真正的团队，一个推动企业向前发展的中坚团队，这才是作为领导最实至名归也最实在的荣誉。

4. 做个公平公正的仲裁者

对员工进行绩效考核，并根据员工的能力水平和成绩贡献做出人事调整以及利益分配等也是领导的职责。在考核中，作为领导，一定要做到公平公正，一碗水端平，扮演好一个尽职尽责的企业“仲裁员”。

员工尽职尽责地为企业付出，为的就是能得到肯定和相应的回报，如果领导在考核员工能力的过程中，过多地掺杂自己的私人感情，不能做到公正客观，就会让员工感觉自己的努力和付出得不到相应的反馈，其工作热情、对企业的期许度和忠诚度必然会大打折扣。

王恩华大学毕业之后进入了一家合资企业的销售部门，这份工作薪资很高，而且很稳定，他非常满意。

上岗之后，王恩华积极上进，大展拳脚，经过艰苦奋战，很快他的销售业绩就有了很大提高，工作也越来越得心应手。到了第二年，王恩华一举夺得年度销售冠军。

但渐渐地，王恩华对工作失去了热情，因为他发现无论自己多么努力，取得多少成绩，工资和以前相比都没有多少涨幅，更重要的是，企业领导从来没有肯定和表彰过他。因此，最终王恩华选择了辞职，跳槽到了另一家工资基数较低、实行按劳取酬制度的公司。

工资水平是员工选择企业时最关注的点之一。混日子的人自然希望干最少的工作，拿最多的工资，但真正具有拼搏精神的人，却渴望通过自己突出的业绩获得高工资、高回报，以及企业领导的肯定和赞扬。

因此，作为员工绩效的考核者、企业人事安排的仲裁员，领导如果不能公平公正地按照员工能力和业绩给予其相应的反馈，必然会导致人才流失，给企业造成严重损失。

领导是企业的管理核心，是员工的领头羊。领导在激励机制中需要扮演的角色虽然多种多样，但无论扮演怎样的角色，领导都应该牢记以人为本，因为员工才是推动企业进步的中坚力量。

◎ 领导如何建立高效的激励机制

很多从事企业管理的领导在工作中往往都会产生这样的困惑：为了激发员工的工作积极性，提高员工的工作效率，企业倾注了大量心血和资金，但为什么取得的效果始终不明显？高工资、高福利、高待遇，为什么依然不能对员工起到行之有效的激励作用？领导之所以会产生这样的困惑，是因为企业缺乏一套有针对性的、高效的激励机制。

那么，作为企业领导、管理者，我们究竟如何才能建立起一套高效的激励机制，满足员工的需求，以达到激发员工工作热情、提高员工工作积极性的目的呢？

1. 了解激励对象是建立高效激励机制的坚实基础

所谓“激励”，实际上就是针对员工的心理诉求，激发员工的内在潜能和工作热情，并引导其将个人行为目标与团队行为目标相统一的过程。

要想达到这一目的，领导首先要做的就是了解员工，了解员工的心理诉求。

一般来说，人的需求分为两类：一类是物质需求，一类是精神需求。物质需求包含工作、奖金和福利等，而精神需求的范围则广泛得多，比如未来的发展前景、团队沟通协作、工作内容的丰富化、企业文化等。一般说来，人才的需求有以下方面的特点：

（1）自我发展需求

越有能力的人，越重视自我发展的可能性和前景，比起平庸稳定的工作，他们更愿意通过挑战高难度、高要求的工作来实现自我提升。他们需要不断进步，不断更新自己的目标。因此，要想网罗能力出众的人才，仅仅依靠高薪好福利是不够的，企业还必须为他们提供足够的上升空间和不断的挑战。

（2）工作自主性需求

越是能力强的人，越想掌控工作的主导权，渴望发挥自己的能力，渴望用工作证明自己的价值。如果领导过多地干涉他们的工作，可能会引起他们的反感，甚至可能造成人才流失。

（3）工作成就感需求

每个人都希望自己能创造出让别人和社会认可的价值，从而获得成就感体验。能力越强的人越是对工作带来的成就感有所需求。这种需求往往要通过事业成就、工作成果以及他人的肯定和地位声誉的获得来获得满足。在需求的金字塔中，越是处于顶端的人才，越是重视自我价值的体现和工作成就的获得。

（4）公平公正需求

越是有能力的人，越是希望能通过自己的能力获得某些成就。

有能力的人，无论有没有关系、背景、后台，都希望自己的能力受到肯定。一个有关系有后台的人，因为背景而获得晋升，是对其自尊心的一种打击；而一个能力出众的人，因为没有背景而不能得到肯定，则是对其自信心的一种打击。

一个企业要想不断进步，首先就必须保证企业内部竞争的公平公正，只有能客观公正地对待员工，为员工建立一个以才能而非背景为竞争考量的激励机制，才可能真正留住人才，在竞争中立于不败之地。

（5）尊重需求

每个人都希望能得到尊重，越是有才能的人越注重这种需求。

2. 建立合理、高效的激励机制需要正确理论指导

在实际工作中，要想建立起合理、高效的激励机制，就必须有正确

的理论作为指导。与人力资源管理结合比较紧密的两个著名激励理论是马斯洛的需求层次理论和赫茨伯格的双因素理论。

（1）马斯洛需求层次理论

马斯洛的需求层次理论认为，人的需求是分层次递进的，从低层次到高层次，包括生理需求、安全需求、社会交往需求、获得尊重的需求，以及自我实现需求五个等级。

马斯洛认为，人的需求是从低到高逐渐增强的，也就是说，人的需求往往从最低层次开始，当满足这一层次之后，才会向下一层次靠近。但事实上，如今马斯洛的需求层次理论已经有了新的发展，据研究表明，人的需求层次并不一定要按照从低到高的顺序发展，有时甚至可能表现出跨越性。人们在没有满足低层次需求的情况下，也有可能追求高层次的需求；或者人在满足了高层次的需求之后，也可能反过来追求低层次的需求，这些都是非常正常的情况。

例如，一个人长期处于衣食住行的基本需求都无法满足的状态下，反而可能产生追求建功立业、实现自我价值的需求；反之，当一个人事业成功，社会交往需求等也都得到相应满足之后，则可能会回过头来追求生理或者安全的需求。

（2）赫茨伯格双因素理论

赫茨伯格的双因素理论认为，人的需求包含保健因素和激励因素两种。所谓“保健因素”，包括薪资、管理方式、安全情况、工作环境、地位，以及人际关系等方面；而所谓“激励因素”，则包括工作内容、工作成就、未来的成长与发展以及责任感等方面。

赫茨伯格认为，员工的保健因素得到满足，只能起到消除员工不良情绪的作用，并不足以促使员工的工作效率得到提高，真正能对员工积极性和工作热情产生影响的，是激励。

就目前来说，赫茨伯格的双因素理论是获得认可最多、运用最广泛的一种理论。

3. 在实践中不断完善企业人才激励机制

不管准备工作做得多么充足，理论知识掌握得多么娴熟，要想将工作落到实处，将完善的企业人才激励制度与实际情况完美结合，就必须在实践中不断完善企业的人才激励制度，坚持正确的用人导向，完善人才成长环境，充分激发员工的潜能。

计划往往是通过市场调研和理论研究等方式制订的，但并非一成不变的。不管多么严密的市场调查、多么具有科学发展观的理念，与现实相比，总会有一定出入，而且事物都是发展变化的，因此，在实践计划时一定要注意收集反馈数据，根据现实情况对计划做出调整。

领导要有这样一个意识：不是让人受制于计划，而是让计划服务于人。

任何一个机制建立之初，都必须进行一段时间的试行，这段试行的时间正是对该机制进行测试和调整的重要阶段。

在此期间，为了尽可能快速准确地收集员工的反馈数据和员工态度，必须建立一条上下沟通顺畅的信息渠道，保证领导能在第一时间收到员工的意见，并根据其意见对机制进行协调改善，最终达到完善人才激励机制的目的，为员工提供一个积极向上的工作环境，也为企业提供一套完善公正的人才筛选制度，保证企业在人才的支持下不断前进，不断发展壮大。

第六章

解决“年终奖难题”

如何发放年终奖，是一个让无数管理者头疼的问题：发多了，企业吃不消；发少了，员工不满意。而且无论发多发少，都会有员工在年终跳槽离职。实际上，年终奖同样也是企业激励机制的一个重要组成部分。如果解决了这个问题，对于促进员工的积极性和维护企业的稳定都大有裨益。

◎ 年终奖对于激励的意义

年终奖是一年以来公司和老板对员工工作的一种肯定，这种奖励方法自古就有。在古代，新年期间各店铺的伙计都会收到掌柜受东家所托发放的红包。但到了现代，年终奖已经变得不那么单纯了。出于节约成本、给员工更多的激励、防止员工跳槽等因素的考虑，如何发放年终奖成了不少公司的一道难题。

有很多公司考虑不发年终奖，或者采用化整为零的方式把年终奖分摊到平时的工资奖金之中，这样就可以避免年终奖带来的种种风险，那么，这样发年终奖究竟行不行呢?

看看下面的一个例子，我们就会知道，不发年终奖或者化整为零分摊到平时的工资奖金中到底是好是坏了。

陆宣所在公司的规定是员工工作满两年就可以享受公司发放的年终奖，而陆宣刚刚进入公司两年，所以到了这一年年底，他就满怀期待，以为能拿到人生中第一份年终奖，甚至都计划好了到时拿着奖金买什么东西。然而等到年底，公司马上都要放假了，都没有任何有关年终奖的消息传到他耳中。

陆宣年轻气盛，早已等得心急火燎，不比其他公司老员工稳如泰山。他终于坐不住了，在午休时找到了公司的财务刘女士，问她：“哎，刘姐，今年的年终奖什么时候发啊？”刘女士满脸惊讶地看了他一眼，回答道：“你的年终奖早就和每个月的工资一块发了啊，回去好好看看你的工资条，上面有没有一项每个月500元的年终福利补贴？”

陆宣回家看了看工资条，果然如此，一年下来6000元的年终奖早都发在了工资卡里，相当于他两个月的工资，这让他心里获得了稍许安慰，但他心里仍然觉得不是很舒服，因为这笔钱并非以年终奖的名义发放的，而且不是在年底集中发放，没有那种忙碌一年后获得肯定和奖励带来的喜悦感，最重要的是，这笔钱平时早都花完了。后来春节期间陆宣跟朋友们一起聊天吃饭，当大家聊到用年终奖买了什么时，陆宣却闷闷不乐。其实他也知道自己明明也拿到了年终奖，但就是开心不起来。

由于消费观念的改变，现代人已经不像过去那样，每个人到年底时都有一笔积蓄，不少年轻人平时都是月光族，年底恰恰是他们最缺钱之时。尤其是在现在这个通信极为发达的社会，如果说员工跟过去的朋友们彼此谈起自己发了多少年终奖时，朋友们的年终奖十分丰厚，而自己什么都没有，那么员工心里会怎么想呢？恐怕低落和沮丧在所难免。更严重的后果是，公司明明在平时零散地发放了年终奖，员工也依然不会对公司心怀感恩，并且还会对公司产生怨恨情绪，甚至会选择离开。

年终奖不是小事，年终奖关系着一个员工当年的工作是否得到了肯定，也关系着年底员工以一种怎样的心情过年，怀着对公司怎样的情感过年。过年是家家团圆时，饭桌上难免会谈到过去一年的一些具体情况，如果有了年终奖，员工谈起来时必定会对公司心存感激；如果年底没有发年终奖，员工在饭桌上只能黯然伤神、闭口不言。

李旭在一家报社做记者，刚刚进入报社的他是个彻头彻尾的愣头青，不仅做不到独当一面，甚至经常要其他同事帮他善后。不过李旭学习能力很强，一年下来，虽然还是不如那些干了好几年的老记者，但也可以勉强独立完成工作。年底马上就要到了，不少同事已经在议论今年能拿到多少年终奖、除了奖金会不会有其他福利时，李旭摇了摇头，一声不吭，因为他知道以自己现在的表现还拿不到年终奖。

没想到，发年终奖时，李旭意外地被领导叫到了办公室，领导告诉他，虽然他工作上还不是很成熟，但他的努力大家都看在眼里，本来不打算给他发年终奖，但为了激励他更加努力地工作，公司还是决定给他发放一半金额的年终奖。突如其来的奖金让李旭喜出望外，虽然钱不多，但他还是开开心心地过了年。在年夜饭的饭桌上，家人问起李旭现在的工作怎样时，李旭高兴地告诉他们："很好，我现在的工作很有前途，我会好好干的。"

当今社会是一个注重物质和现实的社会，很多时候一个人工作不仅是为了理想，更多是为了生活。很多员工对公司的待遇特别在意，如果没有年终奖，员工的心会凉一大截，而年后又是跳槽的高峰期，他们很容易选择离职，所以该发给员工的年终奖绝不能省。

那么，年终奖究竟要满足什么条件才能发得让企业和员工都皆大欢喜呢？下面我们就来看一看。

1. 以双赢为目的

设立年终奖的目的是为了肯定员工当年的工作，激励员工来年更加努力，在下一年里为企业带来更大的效益，让企业和员工双赢。所以年终奖的奖励机制需要规范化、稳定化，有引导性、目的性。

2. 年终奖要满足员工的需求

年终奖的形式早已不再局限于发放奖金，不同的年终奖形式可以满足不同员工的需求，这样才能让广大员工乐于接受。如果年终奖都是一些华而不实、脱离实际的东西，必将换来费力不讨好的结果。

3. 年终奖要达成的是激励效果，可以适当引入竞争机制

有人的地方就有竞争，年终奖自然也是如此。不仅上下级之间的年终奖不能一样，而且同级员工之间的年终奖也可以根据贡献的不同分出三六九等。对于工作表现特别突出的优秀员工，应该有特别的奖励，这样才能最大程度地激励那些优秀员工。

4. 年终奖要注意控制成本

为什么说年终奖难发？因为要想员工人人满意，公司就要付出极高的代价。如果能用降低成本的方式达到激励员工的效果，那就是最好的年终奖规划了，但这很难做到。不同的企业年终奖不同，但最好是跟同等规模的企业年终奖持平，万万不可吝啬，不然别家年终奖发得多的公司，可能就是你的员工下一个跳槽的目标。

年终奖的发放具有极其重要的意义，并不是发些奖金让员工过个好年这么简单。对于企业来说，年终奖是激励员工的手段，是树立员工标杆的大好时机。对于员工来说，年终奖是对自己一年来辛勤工作的肯定与表扬。根据调查显示，职场人群中有10%的人会以年终奖发得到不到位作为自己是否要跳槽的依据，而已经决定要跳槽的职场人士中有29.5%

表示会因为年终奖发得满意而取消跳槽。

年终奖发得到不到位，已经成为员工是否要留在公司继续干下去的重要因素之一，所以，如果年初员工流失严重的话，就要研究一下是不是去年的年终奖发得有问题。

年终奖是员工判断企业是否强大的风向标，很多时候员工会对没有发放年终奖的企业失去信心。不管是真的因为公司亏损，还是因为公司管理层的决定，没有发放年终奖对于员工来说都是极大打击。所以，很多公司老板秉承着赚钱要发年终奖、没钱也要借钱发年终奖的理念，无论怎样都要让员工过个好年。但也有很多公司老板觉得平时的福利已经发得够多了，或者企业今年的效益不好，就取消了年终奖。究竟哪种是对的？其实年终奖发得多，不如发得好。

◎ 怎样发好年终奖

辛苦工作一年，终于到了年终，员工最期待的事情是什么？新的一年开始？新的机会来临？都不是，而是年终奖。有多厚的红包，就有多开心。

很多企业老板不发年终奖并非由于吝啬，只是企业的效益实在不好，或者是流动资金不够。面对这种情况，年终奖发不发？当然要发，越是困难时，越是要用年终奖来稳定军心，告诉员工我们的企业没有问题，不过这时候发放年终奖就不能大手大脚了，要学会巧发年终奖。

小南自己开了一家服装公司，公司刚刚开张时，连续几个月生意都很好，小南承诺年底一定会有年终奖发放。万万没想到的是，到了秋冬之际，小南的生意急转直下，几个月里亏损了近百万。小南不由得发了愁：亏损这么多，年终奖到底还发不发？如果不发的话，肯定会引起员工的不满，因为一来自己承诺过，不能出尔反尔；二来如果发不出年终奖，员工就会怀疑公司到底还能不能运营下去。如果要发的话，钱从何而来？好在小南脑子好使，最终想出了一个两全其美的办法。

年底，小南举行了一场年终晚宴，让员工们尽情喝酒、唱歌。在年终晚宴的尾声，小南拿出早已准备好的信封，对员工们说：“这就是我为大家准备的年终奖，因为来年春天要进一大批货，所以等到明年春天干好了，每个人还有一笔奖金。”说完，让人把信封分发给了大家，大家打开信封一看，里面装着从100元—5000元不等的奖券，小南让每个人抽一次奖，且只有一次机会，结果，抽到5000元的欢天喜地，抽到100元的只能自认倒霉，等着老板来年春天补发奖金。最终，这次年终奖的支出，小南一共只花了5万元。

开年之后，小南的服装生意有了起色，小南毫不犹豫地兑现了承诺，为所有的员工补发了奖金。

有人问他：“如果来年春天你还没赚到钱，你要怎么兑现你的承诺呢？”

小南笑了笑说：“如果来年春天生意还没有起色，我的生意就做不下去了，公司倒闭了，就不用发什么奖金了。”

如果小南一开始只把有限的奖金发给部分的员工，其他的员工肯定会心有不满，年初时必定会面临员工大量离职。小南用抽奖的方式，让员工们自己接受了年终奖的分配方式。抽到大奖的人自然满心欢喜，没有抽到大奖的人知道来年春天会有补偿，也不会有过多的怨言。小南就这样用自己的智慧渡过了资金不足的难关。

年终奖无论怎么发放，都不可能做到一刀切，必定会出现有人多、有人少的情况。小南有意用运气和补偿让员工接受这种分配方式，这样就能巧妙地让公司渡过难关。另外还有其他的方式，也可以让员工自己接受年终奖出现巨大差异的情况，那就是按员工为公司做出的贡献分发年终奖。

徐某是一家音响器材公司的老板，公司规模不大，也就十几个人，一年来谁干了什么，他心里都有数。助理肯定不能发少了，这一年以来几乎所有事情都是他帮忙打理的，经常忙得几天几夜不睡觉，绝对不能少发。项目主要负责人奖金也不能少，毕竟整个公司的主要业务都是这些人完成的，他们是公司的中流砥柱，发少了也说不过去。但像司机、库管、文员，这些工作相对来说比较轻松固定，可以少发很多。但这样多少不均的年终奖不能公开发放，不然发得少的会心里不服，甚至会一气之下选择离职，所以必须得采用一种隐秘的方式。

想来想去，最终徐某想到了红包，于是采用了红包的形式发放年终奖，每个人拿到红包，只知道自己拿到了多少，不知道别人拿了多少。其实，他们不知道的是，奖金多的高达数万，奖金少的只有几百。徐某这样巧妙地发放红包，既省下了很多不必要的开销，又留住了真正为公司创造效益的人才。

徐某的办法可以说是小型企业常用的做法，但是这种做法对大中型企业却不适用。大中型企业在工作上虽然有重要不重要之分，但是实际上运行起来是一环套着一环，缺了谁都不行。大中型企业制定年终奖的标准必须公正、透明，切不可像小企业一样给员工发放年终奖数额差距太大，并且还藏着掖着。

刘某在一家公司担任总经理，把公司管理得井井有条，但每年年终奖的发放都让他伤透了脑筋。多年来，他都是根据公司的惯例，按照每个人对公司的贡献大小来给员工封红包，但由于企业规模发展得越来越大，这种方法越来越不适用，因为公司员工太多，他不可能了解每一个人，不可能对每个人做了什么都了如指掌。对于很多看起来没有创造效益但实际上非常重要的部门，他也不知道该发放多少年终奖好，于是除了对销售部门是根据绩效发放以外，对其他部门都是根据自己的印象发放。

让他没想到的是，一开年，很多员工都离职了。经过了解，他发现很多人是因为对年终奖不满意才选择了离开。很多部门的员工都觉得自己的工作非常辛苦，但因为实际效益不明显，在年终奖的分配上遭受不公正对待，这让他们极为失望和寒心。另外，各部门中不同的员工也对年终奖的分配颇有微词，认为很多只会做表面文章的员工拿到了丰厚的年终奖，那些勤勤恳恳工作的员工由于不会在领导面前表现自己，拿到的奖金却少得可怜。

这件事给了刘某很深的教训，到了第二年年底，他早早就制订出了一个年终奖计划，销售部门按照年初所承诺的计划进行分级，完成任务者，发一等年终奖；接近完成者，发二等年终奖；离完成任务目标太远的人只有安慰奖。对于其他部门，刘某也制定了不同的评定标准，由各部门负责人进行考核，全部公开操作，保证公平。

在这种评定方式下，这一年有的人拿到了大红包，有的人只拿到了打出租车回家的钱，但开年之后，没有一个人由于觉得年终奖不公而选择离职，公司员工对这种年终奖发放方式毫无异议。

发好年终奖，是激励员工的有效技巧，评定员工拿多少年终奖可以从多方面来考量，比如出勤率、绩效考核、出差次数，等等。这些看得见的事实都摆在眼前，让人无从反驳。年终奖拿得多的员工明白自己的努力没有白费，领导都看在眼里，年终奖拿得少的员工也明白自己不够努力，来年一定要更加努力，以获得肯定、认可。

◎ 不同阶层的年终奖应该怎么发

如何发放年终奖成了企业领导面临的难题，如何分配公司不同阶层年终奖的问题更是难中之难。全都发钱吧，普通员工发得少，高层发得多，普通员工不高兴；多发给普通员工一点，就要发给高层更多，不然等级拉不开；高层发多了吧，开销又太大。

那么，面对不同阶层的员工，年终奖到底应该怎么发呢？

其实年终奖不仅包含了普通奖金，而且包含了更多的战略意义：刺激员工的工作情绪，提升公司的竞争能力，稳定想要跳槽的员工，吸引更多的人才。所以，不同阶层员工的年终奖不仅仅是发奖金那么简单。

对于公司高层员工来说，年终奖可以用固定奖金加年底分红的方式。高层员工往往决定了公司的方针走向，他们掌握着公司规章制度和计划政策的制定。相对其他员工来说，高层员工更清楚公司的走向、发展速度、发展空间以及利润的增长。对于公司高层员工来说，发放奖金并不合适，最好的方法是发放红利、期权、股权等。公司发展得越好，高层人才拿到的奖金就越多；公司发展得不好，高层人才拿到的年终奖就少。这种方法将公司的前景与高层人才的个人利益紧密结合在一起，既可以避免高层人才跳槽，又可以激励他们为公司做出更大的贡献。

另外，高层员工更在意自己未来在公司的发展和获得的荣誉、知名度等，因此，在适当的情况下，公司领导可以对其许诺达成某些目标可以提供升职的前景，或者在年终表彰会议上授予荣誉称号，在整个公司宣扬他们对公司的贡献，这些往往比发放奖金更能激励一个公司的高层员工。

当然，对中层员工不能发放跟高层同样的年终奖。中层员工更在意的是事业上更上一层楼，对企业有一种归属感，并且知道自己得到了公司的肯定。

所以，对公司的中层员工，除了给予奖金之外，还要加上一些其他方面的鼓励，让他们知道自己是得到公司认可的，并且要让他们相信如果继续努力，迟早也能进入公司高层，成为公司的决策者。公司可以根据他们不同的爱好为他们设立特别的年终奖，比如带薪休假、出国旅游之类。这种人文关怀更容易促使中层员工产生对公司的归属感，增强他们的成就感，让他们感受到公司为自己用了心，而不是像对普通员工一样一拍脑袋，发放奖金就结束了。

中层员工对上级的肯定十分渴望，公司要想满足中层员工的这种渴望可以用多种方法，比如邀请部分领头羊级别的中层员工出席公司的高层会议，让他们在公司高层面前表达自己的意见等。这样既能满足他们对高层认可自己的渴望，又给了他们表现自己的机会。

看过这样一个故事，跟大家分享分享：

赵某是一个积极进取、努力拼搏的人，刚刚踏入而立之年，他就成了公司最优秀的中层干部之一。在经济方面，他已经没有太大的压力，但他心里总有一种不踏实的感觉。对于年终奖，他已经不再像普通员工那么在意，公司的季度奖金不少，年终奖双薪对于他来说，没有什么诱惑力。他渴望的是可以成为公司的高层，但让他苦恼的是，他不知道自己可以通过什么渠道，有什么机会。

让赵某意外的是，今年的年终奖十分特别，虽然奖金并不多，但公司告诉他已经为他报名了一家国外有名的培训机构，安排他出国培训三个月，这让本来没对年终奖抱有多大兴趣的他喜出望外，因为他知道自己在公司越来越受到重视，自己离高层的目标越来越近了。

给予中层员工去国外参加培训的机会，是公司希望他能更上一层楼，随之而来的一定是步步高升的机会。为公司的中层员工提供精进业务的机会，也是间接为他们提供了晋升的台阶，这种年终奖最受中层员工喜爱。

对于基层员工，最好的年终奖是奖金加奖品。基层员工亟待解决的是生活问题，他们要养家糊口，有家庭压力，有房贷、车贷等压力，所以发放一些能让他们马上应用于生活的年终奖最能让他们感到满足，最能感受到企业的关怀。但如果统一多发几个月的薪水是不恰当的，因为这样会让基层员工觉得他们所做的事情是否努力不要紧，反正会有与工资挂钩的年终奖。最好的做法是绩效奖金加上固定奖金，这样能让员工明白自己工作一年，拿到了相应的回报，符合多劳多得的原则，来年一定会再接再厉。

曾经看过这样一个故事，跟大家分享分享：

周某在一家文化传播公司担任市场部经理，去年的年终奖给他留下的印象非常深刻。公司接了很多大型活动，开展得很成功，效益非常好，除了赚了不少钱之外，还有很多客户送给周某电影票、代金券、入场券之类的东西。

周某手下很多员工由于长期应酬，身体出现了问题，于是周某决定在年底利用免费的入场券组织一次拓展训练，并且设立比往年多一个月工资的年终奖作为奖励。

拓展训练开展得很成功，训练期间大家都很用心，拼尽全力，培养出了很好的团队默契和顽强的精神。在这次拓展训练之后的一年里，一提到年终奖，大家都会说到那次拓展训练，但没有人提起年终奖多发了一个月的工资。

直接用金钱作为奖励有好处，但也有弊端。单纯用金钱作为奖励会让员工产生唯利是图的心理，认为自己所做的一切都是为了钱，这样很难让员工产生归属感。适当发放一些物品作为关怀，更能让员工对企业产生一种家的感觉。组织一些有趣的活动也是很好的选择，比如集体旅游、拓展训练等，这些快乐的回忆对于员工来说更有纪念意义，并且可以增强员工的凝聚力。

不管给哪个级别的员工发年终奖，都要注意一点：今年效益好，多发了奖金或者东西，一定要提前说清楚，因为这些额外的东西并不在预算之内，是因为对员工工作努力的肯定才额外发放的。

随着时代的发展，年终奖的发放方式也越来越多，不同的发放方式也各有利弊，下面我们就来看看不同的年终奖发放方式有什么不同的优缺点。

◎ 年终奖优缺点分析

不同的年终奖有不同的目的，有些是为了招揽人才，有的是为了留住核心员工，有的是为了增加公司的凝聚力，提升公司的归属感。

购房补助可以说是新兴的、最受欢迎的年终奖方式之一。在这个房价飙升的时代，如果哪个公司可以为员工提供购房补助，恐怕没有几个人会离开这家公司。

某外企曾将购房补助作为年终奖发放给优秀员工，对于正要买房的员工，提供购房的无息首付。而对于已经购买了房子的员工，也可以每月提供无息还款。员工如果可以在企业长期工作，工作的年头越长，还款就可以还得越少。

我们常说"安居乐业"，首先要安居才能乐业，只有安了家，才能安下心工作。企业这种做法对于留下优秀员工非常有效，规定长期在公司工作就可以减免还款的做法，更是让员工有一种亲近感和归属感。

当然，这种年终奖的发放方式也有它的局限性，那就是预算太多。这么大的手笔，中小企业显然无法承担，因此这种方式只适用于实力强大的公司。

绩效考核也是一种很好的调动员工积极性的方法。很多大公司的员工个人业绩都是公开的，绩效考核的规则也是公开的。有些公司考核时采用的是年初设定目标的方式，规定年底能达到目标的员工可以获得丰厚的奖金，一个大红包带回家，绝对对得起自己一年的辛苦付出和努力。对于那些达不到目标的人，公司为了向其表示没有功劳也有苦劳，只发给他们一条毛巾、一块肥皂。不过既然年初已经签订了"军令状"，约定没有达成目标就没有奖励，也只能坦然接受。

绩效考核的另一种方法是计分考核，比如销售部门的员工完成多少业绩，年底就会根据计分获得多少的年终奖。根据多劳多得的原则，为公司做出的贡献越多，获得的奖金就越多。

绩效考核已经成了很多企业给员工发放年终奖的主流方式，员工只有多劳才能多得，公司发放年终奖并没有给公司带来压力，因为员工只有为企业带来了丰厚的收入，获得的年终奖才会多，这是成正比的、相匹配的。

年终奖近年来也走上了复古的道路，不少80后都对年根时父母往家里搬回很多米、面、油、水果、烟酒等年终奖的场面记忆深刻。带着年货回家，自然也会在冬日里为家庭带来很多温暖，这种温暖正来自公司。

李望在一家小企业已经工作了两年，每年的年终奖都只有不到一个月的工资。又到了一年的年底，在大学同学的QQ群里，大家正热烈地讨论今年发了什么年终奖。有人埋怨今年还是跟往年一样只有双薪，有些炫耀公司为员工准备的出国旅行，还有人运气非常好，在公司的年终晚宴上抽奖抽到了最新的手机。每年的这个时候，李望总是悄悄地看着QQ群里老同学谈论年终奖的话题，但他从来都不参与，因为虽然他的工资跟同学们相比差不了多少，但年终奖存在天差地别。

然而，到了今年年底，李望突然敢在QQ群里说话了。他兴奋地告诉他的老同学们，说自己今年的年终奖是100斤大米、100斤白面、两箱水果、四桶植物油，还有很多海鲜和糕点。同学们看见李望列出的一大张清单，都对他羡慕嫉妒恨。李望把他的年终奖带回家后，家里来了亲戚都问他怎么买了这么多东西，他心里乐不可支，笑着说："都是公司发的。"

其实李望的年终奖并不多，满打满算还不足他一个月的工资，跟往年相比并没有什么实质性变化。但他把大包小包的年货搬回家的感觉，跟从老板手中接过一个薄薄的信封的感觉相比，却存在着天壤之别。本来他打算干完今年，明年就跳槽，此时把这件事忘得一干二净，每次有亲戚问起他的年终奖时，他总会想："这么有人情味的公司上哪儿找去？"

实物看得见、摸得着，哪怕跟年终奖等价，拿到实物的感觉跟拿到年终奖的信封的感觉也不一样。实物远比信封里几张薄薄的人民币让人感觉踏实舒心，而且这些实物带给人的记忆时间要远比奖金带给人的记忆时间长得多，每次用到这些东西时，员工都会想到这是公司发给自己的，这样就会在无形之中增加了对公司的感恩。

发放实物奖励对于小企业来说是一种既实在又节约成本的好办法，但要注意切记不可为了降低成本而选择一些质量低劣的产品和一些生活中根本派不上用场的东西，因为这样会让员工大为反感，用也不是，不用也不是。员工如果用的话，每用一次都会埋怨公司一次，用多久，埋怨多久；员工如果不用，就会感觉这个年终奖就跟没发一样，公司发放实物年终奖的目的化为泡影。

之前说过，奖励旅游相对于直接发放奖金更能激励员工且更有意义，一次愉快的旅行比发放奖金更能让员工记忆深刻，可以让员工增长见识，放松心情。

曾经看过这么一个故事，印象很深刻，跟大家分享一下：

今年公司发放的年终奖是旅游，去北京五天四夜，这让从小生活在四川的小婧很矛盾。小婧很想去看看白雪皑皑、银装素裹的北京，但又想在家里陪父母过个团圆年。坐火车去北京，来回就要近一个星期，再加上五天四夜的旅游，假期基本上就要过完了。小婧跟几个同事商量了一下，发现原来大家都有同样的困扰。于是大家一起去找领导，提议能不能将旅游目的地北京改为比较近的云南，去看看玉龙雪山、西双版纳，也是不错的选择。领导听了他们的话摇了摇头，说已经决定的事情就不能更改了，如果不去的话提前说一声，就可以取消名额回家过年。

小婧跟几个同事非常郁闷，最终还是跟着公司同事们一起去了北京。北京之旅很精彩，小婧唯一的遗憾就是今年没能跟家人一起过年，如果能跟家人一起在北京过年就好了。

本来旅游是一件好事，也算是公司大手笔的年终奖，但是这样僵化的旅游，难免会挫伤员工的积极性。如果旅游的地点可以让员工自己选择，并且可以让员工带上家人，这样一次完美的旅游会不会让员工更有归属感，会不会让员工更能体会到公司的温情呢？

不同的年终奖有不同的效果，但最终的目的是殊途同归的，都是让员工满意、愉悦，给员工以激励。大企业要注意，不能出于一种炫耀的心态发放一些华而不实的奖励，这样不仅不会让员工真正感到心满意足，反而会造成员工内心纠结，这样的年终奖花钱不少，但弄巧成拙，不值。小企业发放年终奖时，不能过度控制成本，以免引起员工的不满，最终得不偿失。年终奖不管用什么方式，只有真正满足了员工的需求，站在员工的角度着想，才能真正起到激励的作用。

◎ 避开年终奖的误区

年终奖已经成了企业激励员工的必要手段之一，但企业在发放的方式上存在着种种误区。这些误区让发放年终奖这件好事变得大家都不痛快，企业没少花钱，员工却不满意。

那么，对于年终奖的发放，企业究竟有什么误区呢？如何避免这些误区呢？我们来看一看。

1. 年终奖要避免企业多发、员工少得

不少公司的年终奖都是双薪、多薪，或者加上季度奖金的形式，这种形式可以让员工一次拿到不少钱，过一个好年。但是公司发放年终奖时往往出于想要更大程度地激励员工的目的，就给员工多发了一些，结果由于奖金数额超过了个人所得税起征点太多，员工最终少拿了几千元。

张庆在一家饮料公司担任销售经理，在过去的一年中他兢兢业业地发展本地市场，让该品牌饮料的市场占有率大为提高。公司为了表彰他的业绩，决定今年增加他的年终奖奖金。

经过财务部门的计算，他今年的年终奖金应该是95,000元，加上最后一个月的薪水，总共应该是101,000元左右，缴纳了个人所得税后，他拿到了85,000多元。张庆非常开心，各地区的销售经理今年的业绩都不错，但他的成绩是最好的，这一笔丰厚的年终奖不仅可以让他过个肥年，更是对他努力工作一年的肯定。

年底，公司各地区经理也举行了一次聚餐，业绩第一的张庆自然而然成了宴席上的焦点。当大家谈到各自拿到了多少年终奖时，张庆得意地说自己今年的年终奖税后有85,000多元，说完骄傲地看着在业绩上一直跟他竞争的对手——另外一个地区的销售经理李强。

看到张庆在炫耀，李强不紧不慢地说：“我今年的年终奖金拿了90,000元。”

张庆听了心里很不是滋味，自己明明业绩比李强好，为什么拿的奖金没有他多？张庆觉得高层有失公允，心里很不平衡。第二年一开年，他就跳槽了。

后来，张庆与李强成了好朋友。一次在酒桌上聊天时，李强问张庆为什么跳槽，张庆把压在心中多年的事情和盘托出。李强还没听完就忍不住大笑起来，说自己跟公司的高层并没有什么特别的关系，自己拿到的钱比张庆多，是因为奖金比张庆少。

张庆丈二和尚摸不着头脑，问这是为什么。李强告诉张庆，年终奖金加上当月的工资超过了100,000元，所以要多缴个人所得税，张庆当时的年终奖加工资超过了100,000元，李强才90,000多元，税后李强拿到的钱自然比张庆多。张庆听了之后懊恼不已，由于没有算过个人所得税，冲动跳槽，重新打拼，实在不值。

发放年终奖时，企业有时候多发1,000元、100元，甚至多发一元钱，都会导致员工少拿几千元奖金，这种结果无论对于企业来说还是对于员工来说都是事与愿违。企业多发是好心，但好心也会办坏事，引起员工不快。只有合理安排年终奖，让企业少出钱、员工多拿钱，才能皆大欢喜。

2. 年终奖的发放要有明确的成长性

年终奖的发放必须要有成长性，不一定非要一年比一年多，但总不能一年比一年少。员工在辛苦了一年以后，拿到了丰厚的年终奖金，自然会得到激励，第二年更加努力工作。但如果第二年的年终奖不尽如人意，员工的积极性就会大受打击。

崔胜是一家弱电公司的老板，该公司规模虽然不大，但赶上了行业蓬勃发展的大好时机，几年下来，也算发展得不错。除了新员工之外，不断有老员工提出应该发放年终奖的要求，但崔胜都迟疑不决，没有表态。

到了年底，老员工们都热切期待公司发放年终奖，崔胜明白，如果再不发年终奖，恐怕人心就要尽失了。于是这一年的年底，老员工们大多都拿到了万余元的年终奖。第二年，公司的气氛一片祥和，员工们工作时热情似火。但由于行业发展迅速，竞争对手层出不穷，公司的效益大不如去年。年底时，员工们的年终奖都有所减少，不少员工虽然没有当面说什么，但开年后，很多员工没有来上班。

相比崔胜发放年终奖的方法，同样做弱电的赵志就聪明得多。赵志的处境与崔胜十分相似，第一次发放年终奖的数额也与崔胜大致相同，只不过赵志不是一次性发放，而是分成了各种不同的项目。有一定数额的奖金，有给长期没回家的员工发放的补偿金，有全勤奖，还有对经常出差的员工的补助。

第二年，赵志的公司效益也不如前一年，但因为员工的工作量没有去年那么多，很多名目众多的补贴奖金都不必发放，所以员工们虽然拿到的奖金比去年少，但也并没有多不高兴，因为自己没有出差，有更多的时间陪伴家人，自然也就拿不了这部分补贴。

有些公司反对设立名目众多的年终奖，认为一起发放才是最好的办法，其实不然。激励只有增量，才能不断满足人的欲望，人的期望值才会越来越高，会有一种上瘾的感觉。如果公司无法达到员工的期望值，那么无论是员工的士气还是业绩都会一落千丈。设立名目众多的年终奖，虽然会让人觉得十分冗杂，还会造成奖金的雪球越滚越大，但如果设立的奖金名目清晰，让员工可以对号入座，就不会产生负面效果。如果公司效益依旧保持良好态势，但并没有到可以增加大量奖金的程度，不妨加上一些实物奖励，只要有增长就好。

3. 控制成本要适当，不能因小失大

实物奖励是小企业发放年终奖的最佳方式，同样的金额，一大堆年货和千把块钱对于员工的激励效果可是大不相同。但是发放实物奖励时，相同的东西金额往往会有些差异，购买不同牌子的东西很可能会节约部分钱。

看过这样一个故事，深受启发，跟大家分享一下：

金晓瑞在一家培训公司工作，由于公司不大，每年的年终奖都是以实物的形式发放。虽然算下来金额很小，但是沉甸甸的年货拿到手时总是能让人体会到公司的人情味，感受到公司的温暖。但今年公司发放的年终奖让金晓瑞不是很满意，由于物价上涨，老板想节约成本，就把往年发的知名品牌的年货全都换了山寨牌子的水货。

面对这些山寨货，金晓瑞又好气又好笑，这些东西吃起来味道差，也不放心。扔了吧，公司又发了不少，怪可惜的。这些山寨货足足让金晓瑞恼了半年，最后送的送，用的用，总算全部处理掉了。这半年里，每当金晓瑞看见或者想到这些山寨货时，心里就一直在埋怨公司，工作起来也没什么动力。

好好的年终奖，因为一桶油省了不到十元钱，一斤米省了几毛钱，

让员工不满意，寒了心，可谓得不偿失。所以在发放实物年终奖时，务必要避免山寨货，山寨货绝对费力不讨好，钱没省多少，东西让员工反感、厌恶，甚至会一直记恨公司。

4. 少发或者延发年终奖要有适当的理由

公司效益不佳，年终奖少发或者延迟发放也正常，但少发或者延迟发放总要有适当的理由，不然就会影响员工的士气，让员工对公司失去信心，更不利于培养员工对公司的归属感，也会让员工担心自己的前途，产生跳槽的想法。

看过一则笑话，跟大家分享一下：

小张工作一直很努力，深受老板赏识。年终时，老板买了一辆新的宝马汽车，小张看了满怀羡慕，老板拍拍小张的肩膀说："好好干，小张，如果你继续这样努力工作，明年我又能买一辆宝马了。"

少发年终奖，一定要许诺以后会给员工更多的福利，而年终奖的去向可以说是用于扩大经营，切记不可像小张的老板一样说是为自己添置新车之类。老板为自己添置东西却要减少员工的年终奖，会让自己的形象在员工心里变成残酷的资本家，会将自己与员工摆在对立面上。

◎ 解决领了年终奖就跳槽的问题

当今的职场文化已经与过去大不相同，现在员工跳槽十分正常、普遍。但是对于企业来说，员工跳槽不仅会影响公司的正常运行，更会影响整个公司的气氛。大量员工跳槽更会对公司的名誉造成恶劣的影响。

员工通常会选择在什么时候跳槽？据统计，大多数人跳槽发生在拿完年终奖以后。员工年底拿了年终奖，手里有钱，心里不慌，可以从容地选择新的目标。对于企业来说，刚刚发了年终奖，员工就跳槽了，可以说是赔了夫人又折兵。

如何规避员工拿了年终奖就跳槽，已经成为现代企业面对的一个严峻课题。

要想规避员工拿了年终奖就跳槽，最简单直接的方法就是延迟年终奖的发放。不少企业为了避免员工拿了年终奖就跳槽，选择了将年终奖分两次发放。有的企业选择年前发一半，年后发一半，甚至有的企业选择在3月发一半，在8月发一半的做法。这种做法虽然规避了企业的损失，但难免会打击员工的积极性。而且年终奖不在年底发放，员工对年终奖就没有那么高的期待，不少员工甚至会选择放弃年终奖直接走人。公司虽然避免了员工拿钱走人的情况，但还是没有办法解决员工流失的问题。而且这种办法还有法律上的问题，如果员工较真起来，这笔年终奖的支出仍然不可避免。

北京某家通信设备公司可以说是用年终奖避免员工跳槽的典范。小陈在该公司工作，待遇很好，但非常辛苦：手机24小时保持开机，如果遇到需要维修线路的业务要随叫随到；下班时间无法跟朋友聚会，经常刚刚端起酒杯，公司就有电话打进来让他出去抢修线路。除了工作，小陈觉得自己的生活中别无他物，钱赚得不少，但生活毫无乐趣。小陈打算拿了今年的年终奖就跳槽，换一个轻松一点的职位。

然而，公司的年终奖发下来后，小陈不想跳槽了。原因很简单：小陈今年的年终奖是一辆汽车。小陈和他的女朋友早就想买一辆汽车，但是苦于买房的经济压力，一直没有下定决心。他的女朋友每天上班都要早起两个小时，晚上回家更是吃完饭就到了睡觉时间。小陈非常心疼女朋友，很想为女朋友买一辆车，此时这份年终奖犹如雪中送炭，让他喜出望外。不过这辆车并非今年一年的年终奖，而是小陈今后三年的年终奖。公司告诉小陈，前两年小陈可以免费使用这辆车，等他在公司干满第三年后，这辆车的所有权才完全归属于小陈。

看着新车，为了女朋友，小陈咬了咬牙，决定再熬两年。

小陈所在的公司这一手非常漂亮，这样的年终奖对于员工来说极具诱惑力，员工心里满意，必然备受鼓舞，以后更加努力地工作。而且人的心态都是到嘴的鸭子不能飞了，这样的年终奖让人毫无拒绝之力。

这种年终奖发放方式既没有增加公司的负担，又成功地防止了员工在短时间内跳槽。类似的年终奖还有住房补贴、公司股权等。

除了小陈所在公司这种将年终奖分期购买贵重物品给员工的办法外，还有其他的办法。有句俗话说得好，想走的怎么也留不住，那么提前让想走的员工走掉，避免明年年初时面对招人难的问题也不失为一种好办法。

老熊是一家传媒公司的老板，很不看好现在的年轻人。开了几十年公司，发现近年来年轻员工越来越不安分，经常一年时间没干满，就从这里跳到那里，那里跳到这里。有些人更是脆弱，你说他几句，他直接就撂挑子不干了。其实这也不能全怪现在的年轻人心态不好，老熊管理公司的方式还停留在20年前，因为他的公司连年终奖都没有，怎么能留住员工呢？面对员工越来越少、公司规模逐渐萎缩的情况，老熊痛定思痛，研究了一下现代公司的经营方式，决定在年底给员工发放年终奖。

宣布发放年终奖以后，公司员工欢呼雀跃，果然不再轻易跳槽了。年底老熊如约发放了年终奖，但是次年年初公司开工时，发现仍然有不少员工离职了。这次离职的员工虽然没有以前多，但是人员扎堆的离职对老熊的公司打击很大。传媒公司的工作量很大，员工们都是一个萝卜一个坑，少了一个员工，就会增加其他员工的压力。老熊看事情看得很开，对于留不住的员工他也不想强留，但他觉得应该想想办法，避免员工拿了年终奖扎堆跳槽这种事情再次出现。

第二年老熊在年中总结时，说明要发放的年终奖项目，有的员工是旅游，有的员工是培训，而那些早早就打定主意想等年底拿完年终奖就跳槽的员工，觉得为了培训、旅游耽误半年时间很不值，于是选择了早点离职。

随着拿完年终奖就跳槽的现象日益增加，企业对如何防止员工拿完年终奖跳槽也是煞费苦心，有的公司甚至还想出了年终奖延后三年发的馊主意。除了公司高层之外，普通员工有谁能忍耐三年以后再拿年终奖的待遇？恐怕知道这件事情以后，原本没想跳槽的员工也都跳槽了。

延迟发放年终奖，不仅起不到激励员工的作用，反而会打消员工的积极性。其实要想防止员工跳槽，最好的办法还是增加企业的凝聚力，给员工安全感、归属感，这样才能真正地留住员工。而员工也要摆正自己的心态，与其在不如意的职位上勉强逗留，不如趁早、及时换一个新的环境，熟悉新岗位，重新开始好好工作。

第七章
九个“激励禁区”

激励是在人心上做文章，人心是世界上最复杂、最难摸透的东西，并不是受到了激励就会产生效果，如果误触禁区的话甚至会起到反效果，不仅无法激励士气，还会伤害到员工的积极性，那就得不偿失了。

◎ 树立榜样要正确

生活中，榜样和偶像的力量是无穷的，每个人看着榜样走过的路，为了让自己成为那样的人，自己也会努力上进。

企业员工也需要榜样来激励，在企业中树立正确的榜样可以让员工积极向上，达到榜样的目标，但是如果树立了错误的榜样、不切实际的榜样，往往会适得其反。

时代在不停地发展，在这个信息爆炸的时代，人们只要打开搜索引擎，就可以搜索到很多自己要想的信息。某家金融公司招聘新员工以后会进行一个月的培训，在培训期间除了让新员工学习岗位上所要用到的知识，还会讲述一些业内成功者的例子以激励员工，让员工对公司、对整个行业都充满信心。

曾经看过下面这么一个故事，很受启发，跟大家分享一下：

几乎对每一批新进的操盘手，杨经理都会讲一个关于成功的故事，尽管他已经讲了四五年。一天，杨经理在培训时又给新进的期货操盘手们讲了这个故事，说某女士在短短两年之内用2万元的本金赚到了2,000万元，激励员工在金融行业一切皆有可能，一夜暴富是存在的，行业的前景是光明的。

高利是公司中新进的期货操盘手之一，一直醉心于金融行业，听了杨经理讲的那个故事以后，就把故事中那位成功的女士当成了榜样，期望能在这一行中大干一场，在两年之内将自己手上的本金翻上2,000倍。

回家以后，高利满怀激动地打开了搜索引擎，想详细了解一下这位女士的光荣历史，结果搜索显示，这位女士确实在短短两年内用2万元的本金赚到了2,000万元，不过在随后的一个月内，由于几次决策上的失误，这位女士的2,000万元迅速缩水到了原本的2万元。这个故事的结局对高利产生了极大的打击，让他的心情一下子跌到了谷底。

除了高利之外，还有其他很多新人也在搜索这个故事，于是第二天这位女士的结局就在这些新人之间传开了。有些人觉得自己小心谨慎，只要见好就收，减少犯错，一定不会重蹈这位女士的覆辙，也许还能像这位女士之前一样大获成功。但另一部分人觉得这一行风险实在太大，几年的积蓄可能在一个月内就会赔个精光，于是还没正式入职就辞职了。杨经理第一次在几天之内收到大批辞职信，一头雾水，不明白他们怎么了。

结果，当他明白新人们辞职的原因之后后悔不已，从此再也没有给新员工讲那个故事。

在这个时代，树立榜样要慎重，无论是树立虚构的榜样还是只说一半真相，都是不行的。这些错误的榜样在被拆穿以后会起到严重的反效果，树立榜样时一定要核实真实的情况，切记不可信口开河。

不切实际的榜样也不能树立，如果树立了不切实际的榜样，就像是给自己设定了一个过于远大、难以实现的理想一样。一个难以实现的理想，根本不可能起到激励的作用，毕竟并不是每个人都能取得极大的成功，取得那种成功是天时地利人和缺一不可的，又有多少人能有那样的机遇呢？在不管如何努力都发现自己没有与目标缩短距离时，难免会灰心丧气，最后干脆放弃了目标。

看过一个故事，很有感触，跟大家分享一下：

美国某保险公司曾经出现过这样的情况：大多数销售部员工都会在工作3~5年后选择离职，哪怕有些员工已经小有所成，取得了一定的成绩，也会选择离开。这种情况让公司高层很迷惑，那些没有业绩、赚不到钱的员工离职还可以理解，那些收入还不错的员工为什么也要离职呢？公司在所有员工中进行了一项问卷调查后，最后终于发现了真正的问题所在。

这项问卷调查的内容是每个人对自己从业3~5年时有什么样的期待，结果发现很多员工在刚刚入行时都会以公司的总经理史密斯为目标，这位史密斯工作了3~5年时成绩斐然，他的事迹被公司的讲师们当成成功的榜样讲给每个员工听，但讲师们只讲了史密斯工作了3~5年就达到了200万元的年薪，没有说在这个行业中工作3~5年，达到史密斯这样成就的人一共只有60个。

随后公司改变了激励员工的策略，树立榜样时尽量选择出色的老员工，给予新员工们一个可以追及又不会太远的目标，即使在讲述总经理史密斯的传奇经历时，也会加上整个行业能达到这个地步的人只有60个这句话。虽然只是加了这一句话，但让整个公司员工的压力大为减轻，那些工作了3~5年的员工基本都能达到既定目标，离职现象大为减少。

树立正确的榜样可以对员工有良好的指向性、更好的指引性、更好的激励性，所以，树立榜样时要选择成功的榜样、恰当的榜样、稳定的榜样。榜样的正面力量很强大，负面力量也很强大。一个榜样如果出现了不当的行为，可能会对员工的观念造成颠覆性的打击。

看了下面这个故事，相信我们能明白其中的道理：

芬兰某家公司曾经为公司员工树立了一个销售明星作为榜样，这位明星相貌英俊伟岸，为人亲和友善，工作努力上进，他的座右铭是“努力的人最美”。一时间他成了整个公司中女性的偶像、男性的榜样。不少男性员工为了向他学习，纷纷一改邋遢的生活作风，将自己和工作环境收拾得整整齐齐、干干净净，女性员工们为了得到那位销售明星的青睐，更加努力地工作。于是，整个公司的氛围焕然一新，几乎所有人都像换了一个人。可惜好景不长，这位销售明星就被爆出了种种丑闻，他与不少女客户有染，他的业绩很多是靠出卖色相取得的。

这些丑闻对于有的人来说是一次警钟，觉得这样的行为不可取，应该依靠自己的能力堂堂正正地提高业绩，但对于有些人来说却打开了一扇新的大门，他们恍然大悟：原来还可以通过这种方式来提高自己的业绩。

一时间通过不当关系换取业绩的行为在公司中蔚然成风，那些作风正派的员工要么因承受不住不公平的竞争愤然离职，要么挣扎着要不要也加入这股浪潮之中。

为了扭转这股不正之风，公司进行了一次严肃的整风运动，辞退了那名销售明星。

榜样可以成为理想的目标、照亮前路的灯塔、思想的支柱，但一个错误的、不当的榜样，则会成为侵蚀思想大厦的蛀虫。

要想激励员工，一定要注意榜样的正确性，不然就会产生负面效果，酿成不良后果。

◎ 激励员工要注意沟通方式

表扬是最直接的激励方式，一句好的赞美无异于沙漠中的一泓清泉，沁人心脾。很多领导都很喜欢这种激励方式，表扬员工时毫不吝啬自己的溢美之词。但领导在表扬优秀员工时，也要注意自己的言辞，如果影响到了其他员工的情绪，就会得不偿失。

前面说过，团队精神十分重要。一支团队只有上下一心、齐心协力，才能发挥出团队的巨大威力。如果团队成员之间钩心斗角、谁也不服谁，还不如各自为政。

有一家中型广告公司其活动部经常在外面组织活动，部门所有成员齐心协力，把活动开展得有声有色。这一年，活动部力压公司其他几个部门，成为公司中最优秀的部门，活动部所有员工都欢天喜地，经理高兴之余，私下组织了一次只有活动部员工的聚餐来庆祝。

酒过三巡之后，经理揽着身边的一名叫曾学的员工说："咱们部门能成为公司中最优秀的部门，小曾功不可没啊。干起活来总是那么勤快，太拼命了。我个人觉得，部门的整个业绩，他就能占到一半。"经理说完这番话，酒桌上立即出现了短暂的寂静，几分钟以后气氛才得以恢复。

说者无心，听者有意。当天晚上很多员工都在思考一个问题，那就是小曾真的比自己出色吗？他做的事情真的比自己多吗？就算多，真的能占一半功劳吗？答案是否定的，整个部门作为一支团队，每个成员各司其职，都为部门做出了贡献，只是因为有的职务容易被领导注意到，有的工作在幕后容易被忽略。小曾工作表现出色没错，但经理说小曾的业绩能占到部门所有业绩的一半，其他人心里就不服了。

从此，活动部整个部门的工作氛围就变了，原本可以简简单单做好的事情，开始变得复杂起来，部门成员变得不再齐心协力，甚至开始一致排挤起小曾来。

就这样，活动部整个团队变成了一盘散沙，工作效率大大降低。被经理当作活动部榜样的小曾也在不久以后主动提出辞职，因为同事们的排挤让他无法再忍受下去了。

其实经理推出小曾这个榜样无非是要想激励其他的员工更加努力，但因为他的过度夸大引起了其他员工的不快，反而起到了相反的效果。一支团队就像一台机器，每个人都是其中不可缺少的零件。虽然零件也分主次，但是机器离开任何一个零件都无法正常运行。领导想要激励团队成员时，可以推出一个优秀员工作为代表，但绝不能过度夸大该员工的作用和功劳，以免引起其他员工的嫉妒、不服和反感。

表扬赞美需要技巧，批评员工更需要技巧。作为一种反面的激励方式，批评存在着巨大风险，不管是从力度上还是场合上都要注意，一个不小心很可能会伤害到员工的面子和自尊心，这样的反面激励只会以失败告终。

要批评员工，首先要拿捏好尺度。人无完人，圣人也会犯错，员工犯错了不是不能原谅，但批评可以让员工牢记自己的错误，日后加以改正。但是如果批评的力度太大，伤害了员工的自尊心，员工就会觉得自己被领导针锋相对，认为领导是有意拿自己出气，甚至开始怀疑自己的能力，从此开始记恨领导，不服从领导，这样就会导致公司今后的管理难度增加。

此外，领导采用的批评方式还要注意保护员工的自尊心。俗话说：“人争一口气，佛争一炷香。”当面批评员工会让员工下不了台，甚至恼羞成怒顶撞领导。

蒙德先生服务于一家德国汽车公司，可以说是业内成功人士之一，每当有人问起他为什么能成功，他都会提起自己曾经的上级舒伯特对他的激励。他说舒伯特先生是个很严肃的人，虽然心地善良，但是对员工总是一副黑脸的样子，员工们都很怕他。

蒙德刚刚进公司时很马虎，在工作上虽然经常有神来之笔，但是因为粗心大意，犯下的错误同样不少。每当他犯下错误时，舒伯特先生都会把他叫到办公室，私下里批评他。

有一次他犯下了一个大错，如果不是由于补救及时，恐怕会让公司损失一个季度的收入。舒伯特先生怒气冲冲地走进员工办公室，蒙德看见舒伯特先生火冒三丈，顿时吓得大气都不敢出一口，等着挨批。让他意外的是，舒伯特先生并没有马上批评他，而是用很平静的声音让他到自己办公室来一趟。

蒙德进了舒伯特先生的办公室以后，舒伯特先生并没有像火山一样喷发，只是用恨铁不成钢的口吻，语重心长地批评了他。舒伯特先生的这种批评方式让蒙德深受感动，从此以后他开始细心起来，改掉了粗心大意的坏毛病，取得了成功。有人问蒙德，如果当年舒伯特先生当场批评他，他会怎样，蒙德笑了笑说：“那我就把早已写好的辞职信摔到他脸上。”

领导批评下属并非出于恶意，往往都是善意的批评，想让员工改掉缺点、不足，但是人在自尊心受伤时，难免会觉得羞恼，做出不理智的举动，愤而辞职也不是不可能。

沟通离不开语言，但如果不能直接用语言来表达清楚自己的意见，最后别人所理解的内容就会大不相同。

据说，美军一支部队曾经这样传递命令：

营长通知值班军官：“明晚大约8点钟左右，哈雷彗星将可能在这个地区出现，这种彗星每隔76年才能看见一次。命令所有士兵着野战服在操场上集合，我将向他们解释这一罕见的现象。如果下雨就在礼堂集合，我会给他们放映一部有关彗星的影片。”

值班军官通知连长：“根据营长的命令，明晚8点哈雷彗星将在操场上空出现。如果下雨，就让士兵穿着野战服列队前往礼堂，这一罕见的现象将在那里出现。”

连长通知排长：“根据营长的命令，明晚8点，哈雷彗星将身穿野战服在礼堂中出现。如果下雨，营长将下达另一道命令，这种命令每隔76年才会出现一次。”

排长通知班长：“明晚8点，营长将带着哈雷彗星在礼堂中出现，这是每隔76年才有的事。如果下雨，营长将会命令彗星穿上野战服到操场上去。”

班长通知士兵：“在明晚8点下雨时，著名的76岁哈雷将军将在营长的陪同下身着野战服，开着他那辆彗星牌汽车，经过操场前往礼堂。”

这是一则流传已久的笑话，从中可以看出，信息通过口口相传难免会发生变化。即使是亲自传递的信息，只要没有说话，用短信传递都会闹出语气上的误会，所以，无论是批评还是表扬，要与员工沟通进而激励员工时，尽量亲自完成，不要借别人之口。

在企业中，如果领导让别人帮忙传递信息，容易出现问题：首先，员工会怀疑信息的真实性；其次，员工会觉得自己没有得到重视；最后，如果传递不到位的话会引起员工的忐忑。信息如果可以亲自传递，尽量不要找中间人传递，以免出现不必要的麻烦和误会。

沟通是最简单有效的激励方式，不管是表扬还是批评。但简单有效同样也伴随着风险，如果使用不当，很容易出问题。如果想用沟通的方式来激励员工，一定要三思而后行，以免祸从口出。

◎ 激励不可建立在说大话的基础上

领导激励员工，有两种方式：口头赞美和物质奖励。口头赞美是成本最低的激励方式，但是实惠看得见的物质奖励才会让员工记得长久，对获奖员工之外的其他员工的影响也更大。其他员工看到同事由于努力上进，达到优秀水平，获得领导奖赏，往往会抛弃混日子的想法，变得发愤图强起来。不过这种激励方式最忌讳的是领导乱开空头支票，乱许承诺。要知道，承诺带来的期待和兴奋有多大，违背承诺所带来的失望和愤怒就会乘以二。

某地一家医药公司创立之初效益不是很好，市场占有率也不高。魏宏是这家公司销售部门的经理，为了提高销售部门的业绩，他操碎了心。虽然他非常努力，但部门的销售业绩始终没有大的涨幅。又一个季度过去，魏宏整理了一下销售部门各员工的业绩，发现有一名员工的业绩十分突出。这名员工在上个季度业绩十分稳定，达到了业内平均水平，虽然说只是业内平均水平，但在一家新公司里，已经算是最耀眼的员工了。魏宏想了想，觉得应该将这位员工当成一个榜样，召开一次表彰会议，振奋一下公司的士气。

表彰大会召开的情况很糟糕，员工们对这种与自己无关且没有什么奖励的会议兴趣不大。魏宏在上面讲得唾沫横飞，下面的员工们心不在焉，睡觉的睡觉，玩手机的玩手机，没几个人听他说话。魏宏眼见表彰大会失败在即，急得像热锅上的蚂蚁，突然他想到，自己刚刚买了一部新款手机，还没开始用，赶紧拿出来作为给优秀员工的奖励。看见魏宏手上的新款手机，所有员工开始打起精神。魏宏眉开眼笑，不仅长篇大论了一通，还对其他员工许下承诺，说以后如果谁能达到这名员工这样的业绩，每个人都有一部。

结果到了下一季度时，多名业务员都达到了业内的平均水平。这一下魏宏犯愁了，他许诺奖赏给达到标准的每个人一部新款手机，这个月光买手机的钱就要10,000多元。为了兑现诺言，他只好拿出自己一个月的工资为员工们购买手机。但是再下一个季度时更多的员工达到了他许诺过的标准，他扳着手指头算了算，要50,000多元才能买全手机作为奖品，这下魏宏没办法了，这样下去把自己赔进去都不够，于是他只好摆了一桌酒席，给员工们道歉，说自己财力有限，以后没法再奖赏业绩达标的员工了，希望他们谅解。

员工们听了大为失落，从此工作积极性大减，销售部门的业绩重陷低迷。

人与人之间的交往最重要的一点就是诚恳，大开空头支票却无法兑现，与欺骗无异。员工受到了欺骗，情绪就会低落，甚至会质疑领导的人格、人品。事实上，领导不是不能对员工许诺，承诺有了进步会有怎样的奖赏，但是承诺的事情自己务必要能做到，而且要衡量目标的价值。如果目标现在不容易实现，但以后很容易实现，那么这样的目标就不能作为承诺的对象。

另外，对员工许诺时要注意目标的明确性，要说清楚，不能含糊。有些管理人员很喜欢说些模棱两可的话来作为对员工的承诺，例如“公司赚钱了肯定不会亏待你们”“业绩好了你们都能加薪”。这种承诺会让员工心里没谱，员工心里缺少安全感自然不会对公司有归属感，也不会有多大的工作动力。

艾某是一家传媒公司的员工，公司不大，不过发展得很快。公司里的新人来了又走，走了又来，只有艾某和几个老员工一直坚持在自己的岗位上。

艾某一直不明白为什么新人总是来的多，留下的少，一直到有一天他意外地听到了一次杂志部门的会议才明白。不少新员工都要过了实习期才能正式入职，但刚刚入职的员工都抱怨薪水少，跟原来应聘时人事说的不一样。杂志部门的主编拍着提出质疑的员工的肩膀，语重心长地说：“我也知道工资现在不多，但是公司现在还处在发展阶段，业务都还没有稳定下来。你平时的工作也不忙，公司的效益也不高，等到公司赚钱多了，怎么可能亏待你呢？”听到这话，新入职的员工在主编背后撇了撇嘴，一副不相信的样子。果然第二天，那名员工就没来上班了。

艾某仔细一想，很快就明白了为什么公司留不住员工，于是他主动跟老板提出公司需要建立健全的奖励制度、加薪制度，并且说了昨天他看到的事情。老板听了艾某的建议，果然员工的流失状况大为改善。

激励员工要承诺给员工更好的未来、更多的奖励，但这些激励不能假大空，拿假大空来激励员工只能得到一时的效果，毕竟没有人会一傻到底。等到员工拆穿假大空，发现了这些假话、大话、空话背后的真相时，企业就会遭到强烈的反噬。

一个好的管理者，不能拿一些空泛的东西给员工画饼。画饼不能充饥，画饼不能满足员工的需求。既然选择用承诺激励员工，就要付出一些实实在在的东西。员工达到了要求，管理者就要兑现承诺。如果员工表现出色，领导稍微增加一些奖励，会给员工带去惊喜，从而起到更好的激励作用。

员工的精神面貌与企业的利益息息相关，一时的兴奋剂不能成为企业发展的长久动力，只有稳步改善员工的精神面貌才能实现提高企业效益的目的。

◎ 激励不能像风吹过就算了

世界上有数不胜数的节日，比如“世界禁烟日”关注吸烟的危害，“世界湿地日”关注保护湿地，“世界森林日”关注保护森林。这些节日在到来时会广泛宣传，各大媒体都会争相报道，做出种种吸引人眼球的专题。不少人也会投入其中，对宣传的东西进行了解。不过这一天过了之后呢？也许一天以后，你还会记得昨天宣传了什么；一个星期以后，依稀还有些印象，那么一个月以后呢？可能有不少当时参与过的人连自己当时参与的活动是哪天举办的都不记得了。优秀的管理者激励员工也是如此，不能让激励像一阵风吹过就算了。

面对企业中存在的问题，员工身上存在的问题，定一个宣传日、一个宣传周来进行改进，不少企业都这样做过。不少管理者认为可以通过这样的活动改变员工们的精神面貌甚至行为习惯。这种想法其实是很幼稚的，对于讲求实际的人来说，很多事情没有落到实处，只有空泛的宣传、虚假的口号，不会改变什么问题。

有一家国有化工企业旗下的工厂严禁员工在工作区里吸烟。马某是个资深烟民，早在高中毕业时就学会了吸烟，已经有了近十年的烟龄，让他在工作的八小时里不许吸烟，无异于要他的命。

刚刚工作不久，马某就在工厂中找到了吸烟的地方，并且他发现和他有同样问题的人还不少。他们吸烟的地方虽然隐蔽，但负责监督的班长对此是知情的，不过班长认为其实也没什么，只要自己当没看见，这事也就没发生过。

没想到，有一天工厂的高层领导发现了这个地方，对员工这种因为一己私欲而置其他工人乃至整个工厂的安全于不顾的行为大为恼火，决定开展一次为期一个月的防火安全活动，强调在工厂吸烟的危险性，要求加强对吸烟员工的管理。于是，这一个月吸烟的员工们都小心翼翼，生怕自己被当成负面典型。一个月后，眼看风头没那么紧了，吸烟的员工们“重新出山”，吸起烟来更是肆无忌惮、变本加厉。

几天以后，工厂终于出事了：一处储存原料的仓库被没有熄灭的烟头点燃了。经过半天的抢救才把火扑灭，幸好没有造成人员伤亡。

从此以后，公司对于员工在工作区吸烟制定了严厉的处罚制度。有了前车之鉴，加上严厉的处罚制度，偷偷在工作区吸烟的情况才得到了遏制。

开展活动是好事，但是如果不能将这个活动所要宣传的目标作为长期的目标，那么这种激励方式就像是一阵微风，根本不会让人有什么感觉。一个月的宣传，往往比不上在公司墙壁上贴上要宣传内容的大海报；一年的宣传，往往比不上一条清晰明确的奖惩制度。很多类似的活动都是管理人员的拍脑袋决策，上级对某些情况有意见，就会发出号召，开展活动。但上级人员的目光不可能一直盯在这里，当活动结束以后，一切都会恢复原样，活动变得毫无意义。

那么，这类活动究竟能不能开展呢？如果要开展，该怎么开展呢？下面将会提供答案：

1. 宣传要专业化

既然要开展一项活动，就不能马虎，不能因为活动时间短就草草了事。不管是对提高产品质量的宣传，还是对一些问题的防微杜渐，都要做得专业化。专业化的宣传才能让员工真正明白活动开展的意义和目的，真正了解问题所在，进而加以改进。

2. 活动要伴随着目的性

任何活动都不能只是单纯的宣传，只有带着目的性的宣传，给员工一个目标，才能留给员工深刻的印象。比如在宣传期间举行一些有奖问答之类的小活动，准备一些小奖品给员工。或者对宣传的问题进行抽查，对能完成任务的员工进行奖励。员工发自内心地踊跃参加，自然能在脑海中烙下相关知识的烙印。

3. 建立与宣传有关的奖惩制度

宣传大多是为了告诉员工应该做什么，不应该做什么。根据宣传的事情建立奖惩制度会让宣传的内容成为一件长期的事情，也让员工明白事情的重要性，并不是简单说过就算了的。

日本一家机械公司依靠合理的奖惩制度不断激励员工工作，提高了产品质量。该公司原先也曾经多次进行过关于提高产品质量的宣传，但结果很不如人意。最后一次宣传时，员工是一副认真执行的样子，但几天以后还是恢复了原样。最终经过讨论，公司制定了一套合理的奖惩制度，哪个员工手中出现的产品故障率高，他这个月的奖金就别想要了。哪个员工生产的产品质量高、故障率低，公司就会增加他的奖金。这个制度制定完以后，产品的质量果然有了稳步提高。

4. 活动的目的要切合实际，要与员工息息相关

激励要用长久的方式，举办活动是一种不错的方法。但公司如果总是举办一些与员工切身利益不相关的活动，只会增加员工的负担，毫无意义，如何能让员工重视起来呢？

所以，举办活动可以，但一定要与员工息息相关才行。

◎ 激励的方向要符合大部分人的目标

企业作为一支团队，管理人员要以团队的利益为主，如果激励团队的目标与整个团队的方向发生了偏差，就会让团队成员产生一种自己只是工具，不是团队中一分子的感觉。

员工不是奴隶，管理人员也不是奴隶主，团队的走向不能因为管理

人员的想法而与整个团队的方向相悖，不然这个管理人员就算不上一个公平、公正的管理人员，自然难以服众。

看过这样一个故事，深受启发，在此跟大家分享：

曹某现在在一家广告创意公司工作。之前他在一个小工作室工作，团队的领导为人不错，跟团队成员们也很有共同语言。虽然赚钱不多，但大家都抱着同样的理想，朝着同一个目标努力。去年，曹某所在的工作室为了发展，选择加入了一家规模比较大的广告创意公司，虽然团队的成员没有变，但顶头上司变了。曹某一开始没有过多在意这些事情，毕竟公司变得正式了，自己能赚更多钱了，但没过多久，公司发生了一件让他所在的整个团队很不愉快的事。

曹某所在的团队一直在为国内的某项专业性极强的比赛操作一个项目，这个项目早在工作室并入公司之前就已开始，整个团队的成员为了这件事情废寝忘食，每个人都付出了艰辛的劳动。就在他们的项目已经形成雏形时，新上司却告诉他们，他已经把这个项目报名参加了另外一个专业性不是很强但影响力更大的比赛，如果能在该比赛中获奖，整个工作室的员工都可以加一成薪水，最后，新上司不忘叮嘱他们继续努力。听了新上司这番话，曹某和其他的团队成员十分震惊，质问新上司怎么能私自将他们已经准备好参加其他比赛的项目拿去报名，新上司告诉他们这都是为了他们好，也是为了整个团队好。

第二天，曹某和其他工作室成员一起递上了辞职信，辞职理由是他们个人的理念与公司的理念无法达成一致，为了不影响公司的发展，只好选择离开。

新上司看到这些辞职信，半晌无言，后悔莫及。

这位新上司在项目这件事情上可能有私心，但也确实是为了团队好，不过这样一种与整个团队目标相悖的激励方法是错误的。新上司虽然是领导，但不能未经讨论，就替整个团队做出一切决定。领导只有摆正自己的位置，设身处地为团队和团队成员着想，才能融入团队之中。

任何一种激励方式，只有符合团队成员的目标，才能产生应有的效果。如果领导一意孤行，只会失去整支团队。

很多时候，管理人员并不能真正融入团队之中，毕竟管理人员负责管理，扮演的是黑脸角色，员工很难觉得自己跟管理人员是站在同一阵营之中的。

其实，团队与管理人员之间存在相互作用的力，如果团队凝聚力强，管理人员使用了偏离团队目标的激励方式时，团队就会产生一股离心力，跟管理人员的距离越来越远；如果团队凝聚力不足，团队中的每个人都只为自己考虑时，团队成员就依旧会保持着与管理人员的向心力，不过这股向心力的作用未必是好的。

曾经看过这样一个故事，从中大家可以领悟到一些道理：

国内有一家非常有名的软件公司，该公司主要研发一些企业办公软件，以价格低廉、上手容易而闻名。软件从发布到更新换代，中间要经历多个版本，有的版本要修复缺陷，有的版本要增加新的功能，有的版本要改进现有功能的易用性。而究竟这个版本要负责什么，往往是由项目经理提出要求，程序员负责将其实现。

在新版本中，公司中负责财务软件的团队，主要负责修复之前出现的问题，但由于突然更换了新的项目经理，整个团队的走向发生了偏差。当项目经理看见新版本的软件时，皱了皱眉头，表示这款软件已经发布了两年多，界面却从来没有变过，这样的界面已经不符合现在软件的审美标准，单从这个界面看，就不会让客户有购买欲，希望团队成员每个人都拿出一些创意，美化软件的界面。

很快，团队中的每个成员都拿出了自己的方案，不过大部分程序员的心思都还是放在了软件的实用性上，对于美化方案，只是随便做了做。项目经理看了几份美化方案，其中有一份特别对他的胃口，于是他对提交这份美化方案的员工大加赞扬，并且给他加发了奖金。

这件事让团队中的其他程序员眼红不已，大家明白新项目经理特别注重软件的界面是否美观。于是，每个人都开始在软件界面的美化上狠下功夫，而对修复软件的问题和改进功能性方面则不太上心。几个月以后，不少用户表示连续用了好几个版本居然都没有修复软件的错误，以后都不会再使用该软件了，结果，该公司软件的销量从此一落千丈。

一边倒地奉承讨好管理人员，这就是向心力，但这并非好事，尤其是很多管理人员在管理方面比较精通，但在实际业务方面未必精通。过度的固执己见、错误的激励方向很容易造成外行领导内行的情况。如果团队凝聚力很强，团队就会对管理人员提出不满；如果团队凝聚力不强，所有人都将更多的工夫花在奉承讨好管理人员上，这将会对企业的利益造成直接损害。

激励团队的条件最好符合每个团队成员的需求，如果激励条件让有的员工不满意，他们就不会积极上进，只有那些受到激励的员工努力，团队的整体工作效率会降低，进度会减慢。

例如在一家报社，领导为了犒劳员工，特意在周末为员工组织了一次漂流活动。员工们纷纷摩拳擦掌，想借此机会放松一下，缓解疲劳。但公司有两位年近六旬的老员工不想去，因为漂流对于他们来说太危险，而且他们年纪大了也不像年轻人喜欢玩那些刺激、激烈的东西。但两位老员工处事十分圆滑，并没有直接对老板表达自己的反对意见，而是在星期六的下午悄悄放慢了工作进度，导致星期天的漂流活动只能取消，大家一起加班。

要想激励整个团队，就要考虑到整个团队的意愿、利益和目标，管理人员个人的意志不能代替整个团队的意志，管理人员始终要铭记一点：在企业中，团队才是主体。

◎ 正面激励也要拿捏好尺度

很多管理者知道在批评方面不宜过重，但不知道从正面的角度激励员工也需要拿捏好尺度。无论是过度的赞扬还是过多的荣誉都会令激励的效果减半，管理人员往往忽视了这一点。

过度的激励容易传递错误的信息，往往会扭曲员工的价值观，改变员工的信念和行为方式，将员工导向一个错误的位置。企业需要将员工导向正确的位置，让员工对企业有归属感，让员工知道努力工作不仅是为了公司，更是为了自己，但是公司的利益与个人的利益同样重要，千万不能让员工产生获得实际的奖励（如金钱、实物）才是工作的唯一目标，更不能让员工以为只有获得大张旗鼓的激励才算被重视。

看看下面这个故事，相信大家一定会获得启示：

古代一户人家有三个儿子，但由于家里不富裕，三个儿子娶老婆很难，没什么人愿意把女儿嫁给他们。媒人好不容易给老大说了一个对象，家里拿出了几乎所有的钱，才把老大的婚礼办得热热闹闹。

村里其他人家看见他们家的婚礼，都觉得他们家的条件其实也不是那么困难。于是媒人很快给老二也说了一门亲事，对方也没啥太高的要求，唯一的条件就是要求把老二的婚礼办得跟老大的一样热闹。一听说要把老二的婚事办得跟老大的一样热闹，家里二老就犯了难，给老大娶亲已经倾家荡产，哪里还有钱给老二再来一回？但为了让老二能娶上媳妇，家里借了不少债，才给老二娶了老婆，把老二的婚礼也办得风风光光。

老大老二都结婚了，老三很急，因为他也该结婚了。不久媒人给老三也物色了个对象，对方也没什么太高的要求，只要办一场风风光光的婚礼。但这时候家里再也拿不出钱来给老三操办婚事了，钱都花没了，能借的钱早就借了。老大老二的婚礼都办得那么风光，轮到老三时，却告诉老三没钱了，老三一气之下就离家出走了。

企业激励员工，务必要做到一视同仁，如果做不到一视同仁，员工就会认为公司偏心，然后选择离开。就像某户人家养了两个孩子，父母给其中一个孩子买东西却不给另外一个孩子买东西，没有受到重视的孩子肯定会不高兴。作为一个企业的管理者，对于激励员工这件事情要一碗水端平，如果一开始大张旗鼓地表扬某名员工，但表扬其他员工时没有做到这一点，就会引起其他员工的不满。

激励员工的目的是让员工更加努力，让员工觉得自己受到企业的认可和重视，是树立员工自信心的最好办法。不过大张旗鼓地表彰、激励员工，很容易变成一场闹剧，让员工觉得自己在演猴戏，不仅起不到给其他员工树立榜样的目的，还会让受到表彰的员工自尊心受挫，让其他的员工觉得荒唐滑稽。

陆雨馨是一家保险公司的员工，在金融风暴席卷全球时，她所属的公司也受到了很大冲击。其他员工的业绩都欠佳，只有她的业绩还算出色。公司此时急需一个榜样激励其他员工树立信心，陆雨馨此时突出的表现正好符合公司的期望，所以公司特意举办了一场盛大的表彰会，在会上对陆雨馨一顿猛夸，让陆雨馨很不好意思。领导赞美完之后，又拿出一篇早已准备好的演讲稿让陆雨馨照着念，陆雨馨一看这篇演讲稿，比起领导刚才的口头赞美有过之而无不及，这让她难以启齿，导致她在演讲时非常难堪，时不时卡住，台下员工听到这番夸张的演讲都哄堂大笑。

终于熬到表彰大会结束，陆雨馨难过至极，仿佛自己不是得到了表彰，而是受到了惩罚。她觉得自己就像一只马戏团的猴子，成为台下人的笑料。这件事对陆雨馨的反作用很大，甚至一度在别人担心自己业绩不佳时，她却担心自己业绩太好会不会像上次一样又下不了台。

这次表彰大会说明大张旗鼓的激励未必会带来正面的效果，因为不仅让陆雨馨万分难堪，下不了台，甚至导致她在以后的工作中害怕把工作做好，以免再次成为闹剧的笑料。更糟糕的是，领导对陆雨馨的表彰不仅没有对其他员工起到激励的作用，反而让他们怀疑公司是不是已经成为强弩之末，有意虚张声势。

有些人喜欢热闹，有些人不喜欢热闹。有些人喜欢什么事情都搞出大场面，有些人则觉得做人要脚踏实地，做作的演出令人作呕。不同性格的员工，会对大张旗鼓的激励形式表现出不同的反应，就像很多公司的年会习惯让员工自己编排节目，然后上台表演，根据节目的评选排名，对表现优异的员工发放奖品。对于这种活动，有的员工会积极主动地参与，有的员工宁可不要任何奖品，也不愿意上台献丑。

大张旗鼓地开展活动激励员工，会让活跃的员工得到激励，也会让另外一部分不活跃员工产生不悦，产生反效果。这对于一个公司来说也在所难免，花了大价钱要想把活动办得热热闹闹，最后总是有得失参半的效果。有的企业提前将举行庆祝活动的消息放出去，但最后没有实现，更是会让员工失去信心，造成员工大量流失。

某省最大的连锁中介公司在扩展业务时扩建了两栋大楼，一栋用来开酒店，一栋用来开典当行。整个公司发展得如火如荼，今年恰好又是公司成立五周年，于是公司筹办了一场大型庆祝活动，一来与员工一起庆祝公司的蓬勃发展，二来也借机对公司的新业务进行宣传。整个活动斥资百万，计划举行三天。

然而，就在活动日程即将定下来时，突然发生了意外，已经建到一半的大楼被投诉影响了附近居民的采光，公司只好停止了酒店和典当行两栋大楼的建设。遭受如此打击，公司不得不把原本计划开销百万的庆祝活动缩水至开销十万的小型聚会，到最后只搞了一次员工聚餐草草了事。

公司早早放出大搞活动的风声，最后以雷声大雨点小的方式结束，这不仅让合作伙伴难以接受，对于公司员工来说也是不小的打击，于是在周年庆活动后，很多员工都选择了离职。

大张旗鼓地举办庆祝活动的缺点有很多，提前将消息放出去更是弊端之一。所以要想激励员工，不一定要大张旗鼓，员工真正想要的是能看见的实惠。员工得到了实惠，经过其他员工的口口相传，也可以让更多的员工获得激励，而大张旗鼓想达到路人皆知的目的，未必会起到理想的效果。

◎ 激励不代表奖励

现代社会是一个物欲横流的社会，很多人把“一切向钱看”视为自己的生活目标，但人在精神层面的渴望永远不可能消失。人除了需要物质上的激励，也需要精神上的激励。

激励不能单纯只从物质方面考虑，更不能单纯地将奖励作为激励员工的唯一手段。过度使用奖励来代替激励，不仅不能满足员工对精神层面、成就感、归属感、认同感的诉求，反而还会带来其他麻烦。

我一位朋友有一个可爱的儿子，不仅长得可爱，而且聪明机灵，非常讨人喜欢。但让人头疼的是，这个孩子很懒，什么都懒得做，跟其他的孩子一样没少让父母操心。

这个孩子的父母都是文质彬彬的人，做不到棍棒教育，而且孩子的爷爷奶奶特别护着孩子，平时看到孩子爸妈骂孩子骂得重了都要心疼半天，更别说允许孩子爸妈打他了。孩子的父母没办法，一商量，既然罚不行，那就赏吧。从此，孩子要做的事情都有了明码标价，早上叠被子给多少钱，整理自己的房间给多少钱，至于扫地洗碗之类的事情价格更高。

有了物质奖励，孩子对做家务也不再不屑一顾了。朋友对自己的策略十分得意，自封“教育大师”。

几个月以后，我再次与朋友相聚，闲谈时我又问起了他们儿子的情况，没想到朋友叫苦不迭，说孩子看到做家务有奖励之后，确实喜欢做家务了，但是对没钱的事情一个手指头都不肯伸。家里来了客人，让他倒杯水给客人，不给他钱他就不做。有一次还差点出了大事，孩子他妈外出购物，到了超市才想起来炉子上还烧着水，家里只有孩子一个人，于是赶紧打电话回家，让孩子关一下煤气，孩子说给钱才关。

孩子他妈听了非常生气，这孩子怎么连自己的小命比钱重要还不明白，有偿做家务这种不正之风必须马上刹住，想到开车回家快一点也就五分钟的车程，于是赶紧开车回家，结果由于开得太匆忙，路上出了一起小车祸，撞在了路边的一棵树上，幸好刹车及时才没有酿成大祸。从此以后，朋友夫妻就对孩子取消了有偿劳动的激励制度。

成年人虽然比小孩子懂事，但小孩子对物质的认识和要求远远不如成人。这个事例不仅对于教育孩子适用，对于管理企业同样适用。

当员工将激励与奖励挂钩以后，干起有利可图的事情来就会格外卖力，但对于无利可图的事情，哪怕只是举手之劳也不会尽力，甚至会置之不理。激励不是不能跟奖励挂钩，但激励绝对不能等同于奖励，对于员工的行为，除了奖励之外还要加以约束，并且要辅以惩罚制度，这样的激励制度才能成为健全的激励体系。

直接的奖励看得见、摸得着，自然有效，但奖励不能完全替代激励，其他方式的激励同样有奖励不可替代的作用。直接的奖励可以满足员工在生活、经济方面的种种需求，但无法给员工带来归属感和成就感。归属感和成就感是满足人类需求重要的部分，同样可以给人动力。

我有个在某家公司担任管理人员的朋友曾经向我诉苦，说他手下最得力的干将今天辞职了。我开玩笑说：“马光骑不行，还得让它吃饱。员工也一样，光让人家干活不给人家钱，谁受得了？”

他苦笑了一下，说：“我可是待他不薄啊，他的奖金都快比我多了，但今天还是辞了，原因我想都没想到。”

我问他什么原因，他苦着脸说："他跟我说，他是一个活生生的人，不是机器人，也需要关怀和温暖，人们都说要把公司当成自己的家，可是他对公司一点家的感觉都没有。工作干好了，取得了再大的成绩，公司发点奖金就完了，没有一句鼓励的话。他说觉得自己像是海洋公园的海豚，表现好就给条鱼吃，但是海豚始终是海豚，海豚不可能把海洋公园真的当成自己的家。"

公司对一个业绩突出的员工，更多时候只是给予一些物质上的奖励，而不给予精神上的激励。很多人工作不仅是为了养家糊口、混个温饱，更多需要的是在事业上的成就感。那些真正全心全意为公司着想的员工，更是渴望能让企业成为自己的第二个家。每天八小时甚至更多的工作时间，员工们在企业里工作的时间可能胜过除去睡觉外在家里的时间，如果企业不能给员工归属感，又怎么能指望员工在一个没有归属感的环境里发挥出最高的水平，使出自己所有的本事呢？

有时一句关怀的话可以化为一泓清泉，滋润员工的心灵；有时一句安慰的话可以化作一团火焰，温暖员工的心灵；有时一句鼓励的话可以化为一座灯塔，为员工指明方向；有时一句赞美的话可以化为一阵清风，为员工迷茫的心灵驱散迷雾。

美国著名教育学家、励志大师、人际关系专家卡耐基因为继母的一句话而改变一生。原本卡耐基很淘气，他的母亲去世以后，父亲娶了一个富裕人家的女人给他当后妈。当父亲向这个女人介绍卡耐基时，一再告诉她，卡耐基是个坏孩子，是全村最调皮的孩子，千万要小心他，但这个女人并没有信他的话，而是走到卡耐基面前，摸了摸他的头说："他不是全村最坏的孩子，他是全村最聪明的孩子，只是他有太多的热情不能发泄出来。”这句话让卡耐基深受感动，他从这句激励的话中获得了无穷的力量，从此痛改前非，慢慢成了一个好孩子，开始变得越来越优秀，最终走向成功。

奖励永远不能代替激励，实质性的奖励可能会带来一时的成效，但是也有着巨大的副作用。激励中振奋人心的作用有时候是奖励所无法达到的。奖励只能作为激励中一种小小的方式，运用奖励这种方式时不能舍弃语言上的激励、精神上的激励。激励才是主体，而奖励只是激励的一种手段而已，两者有着分明的主从关系，不可混淆。

◎ 一刀切的激励方式不可取

哲学上说没有任何两片叶子是相同的，其实人也是如此。没有任何两个人是完全一样的，虽然我们说物以类聚，人以群分，但是同样群体的人会有很大的不同点。

相同的激励不可能适用于同样两个人，所以不要对不同的人使用同样的激励方式，不然会让员工误会管理人员的本意，引起不必要的麻烦。

拿两个员工进行对比，对他们说同样的话，更是职场大忌。

朱某在一家公司担任管理人员已有多年，他对自己的管理方法十分自信，尤其在激励员工方面。他觉得自己很聪明，以不变应万变就可以成功激励每个员工。今年公司有两个新进员工，一个叫小桐，一个叫小慧。两个人在同一个部门，做同样的工作，第一年下来，两个人的表现都不错，但是为了让两个员工能更加出色，更加出类拔萃，朱某想了一招“妙计”。

朱某先把小桐叫到了自己的办公室，对小桐说：“小桐啊，你觉得你今年的工作怎么样？我觉得你的工作水平不如小慧，咱们公司其实已经不缺人手了，不过看在你那么努力的分上，我跟领导说了很久才把你留下来，不过年终奖就要少一点了。”说完就拿出了一个薄薄的红包递给了小桐。小桐听到前面的话惊恐不安，但听到后面峰回路转的话，而且还有一个红包，对朱某感恩戴德，说了很多感谢他的话。过了一会儿，朱某又把小慧叫进了办公室，对小慧说了同样的话，小慧也同样对朱某感恩戴德，表示自己会更加努力，不辜负他的期望。朱某对自己的这一招很得意，既省下了大笔奖金，又激励了两个新人。

朱某万万没有想到的是，小桐由于听朱某说自己不如小慧，为了提高自己的工作能力，诚恳地向小慧取经，询问小慧怎么样才能把工作做好，并且把朱某说的话和盘托出。小慧听到小桐的话大为惊讶，因为朱某也对她说了同样的话。两人交流后，发现了朱某的伎俩，于是在次年年初一起辞职了。

聪明反被聪明误，朱某的行为看似机灵，但实际上愚昧至极。待人要真诚，激励员工更是如此。用同样的语言激励不同的员工，被拆穿时管理人员要面对的就不只是难以化解的尴尬了，而是员工的离职。

对待不同性格的员工，同样要用不同的激励方式，一样米养百样人，不同的人有不同的价值观、人生观，心理承受能力也完全不同。同样的话对于有的人来说可能是治病的良药，但对于另外的人来说可能是压垮他的最后一根稻草。

蒋某和孙某是某大学软件技术专业刚刚毕业的学生，两人进入同一家专做对日外包的软件公司。由于公司刚刚接了一个比较大的工程，任务十分繁重，他们经常需要加班，工作到凌晨是家常便饭。从没有干过如此高强度工作的两人一时间有点吃不消，但还是努力地坚持了下来，但时间一长，人慢慢会怠惰，两人的工作效率都有所下降。

面对这种情况，部门经理特意找到他们两人，跟他们展开了一次谈话，告诉他们要努力拼搏，在这一行里只有努力才能有美好的未来。两人对经理的话深有所感，连连点头，直到最后谈话结束时，经理说如果他们两人的工作效率继续低迷下去，达不到任务要求的话，就要炒他们的鱿鱼。

经理的话对两个人产生了截然不同的效果。孙某家庭条件不是很好，家里供他上大学已经花了不少钱，他希望能赶快多赚钱回馈家里，生怕自己失去了这份工作，所以在工作上格外努力，很快他就适应了这份高强度的工作，顺利地完成了任务。而从小家境还算不错的蒋某则犯了嘀咕，自己明明还在实习期，工资少却要做这么繁重的工作，领导不仅不关心他，还要用开除他来加以威胁，这是对他的压榨。于是，没有等公司开除他，他就主动辞职了。

可见，不同的性格和观念决定了人们对问题不同的看法，一句完不成任务就要炒鱿鱼可以让一个人转变态度努力拼搏，也可以让一个人愤愤不平，自动辞职。所以管理人员在激励员工时如果无法了解每个员工的特点，就要刚柔并济，红脸黑脸一起唱。一味唱黑脸会让意志不够坚强的员工打起退堂鼓，一味唱红脸则会让惰性比较强的员工得不到激励。

在奖惩方面，管理人员也不能一刀切。单纯地为奖励和惩罚画出一条线来，过了奖励线的员工会有恃无恐，而过了惩罚线的员工则会失去一些东西，这样起不到良好的作用。

某家刚成立的设计公司因为没有制定规范的奖惩制度，员工们每天早上上班时都自由散漫，迟到的现象屡屡发生。虽然迟到的时间都不长，大多在5~10分钟之间，不过管理人员觉得这样的态度不利于工作，于是想拿出一套妥善的惩罚方案，让员工们积极起来，减少早上的迟到现象。过了几天，公司关于迟到的处罚规定出炉了，凡是迟到的员工，要扣50元工资。这个规定一开始时还有效果，但后来越来越不管用，而且员工迟到的现象变得变本加厉，迟到的时间从5~10分钟变成了30~50分钟。

管理人员百思不得其解，私下询问了不少迟到的员工，才发现原来是规章制度出了问题。一开始时员工们都很在意迟到会被扣钱，知道自己要迟到了，会努力往公司赶，所以即使迟到，迟到的时间一般也不会太长。但是新的规定出来了以后，员工往往在赶往公司的路上发现自己已经迟到了，想着反正钱已经扣了，还急什么？于是都悠闲地往公司走，甚至明知道自己迟到了，也会先好好吃个早饭再上班。

针对这种现象，管理人员马上调整了有关迟到的惩罚机制，迟到5~10分钟不扣工资，属于安全范畴，迟到10~30分钟会扣罚工资50元，迟到30分钟以上将会扣发当天一整天的工资。

这样就会万无一失吗？未必。几天以后，长时间迟到的现象大为减少，但请假的员工却越来越多。不少迟到30分钟以上的员工都想着反正今天的工资已经没了，不如趁机请个假好好休息一天。有了第一次的教训，管理人员立即采取了相应的措施，允许每个员工每星期请假一次，扣发一天工资，如果一个星期请假两天，第二次请假就要扣发两天工资。

这样一来，公司关于迟到和请假的制度正式制定完成，请假和迟到的现象都有效地得到了控制。

一刀切的惩罚和一刀切的奖励一样，都是不合理的。这些一刀切的政策只会让在惩罚线和奖励线上徘徊的员工更快地选择自己站在哪一边，对之后的事情就不会特别在意了。

只有制定有等级、有层次的奖惩制度，才能真正起到激励员工的效果。

◎ 激励低迷员工不要忘记给予实质性的帮助

激励员工的意义是让出色的员工变得更加出色，让不出色的员工走向出色。人的一生总要经历高峰和低谷，让遭遇低谷的员工走出困境是激励的主要目的之一。

员工在遭遇困难或者士气低迷时，仅仅靠激励是不能解决所有问题的，在员工的能力不足、精力不够集中这些情况下激励员工，可以让员工燃起斗志，但也并不能解决实际中的问题。

程序员出身的查克在微软公司已经工作了三年，原本他是设计部的一员，工作一直兢兢业业，后来有一天，因为公司的需要，他被调往了研发部门。研发部门可以说是公司的核心部门之一，查克很高兴，摩拳擦掌准备一展拳脚。可惜理想很美好，现实很残酷，长时间从事设计工作让查克在编程方面的水平下降了很多，很快他觉得研发部门的工作实在太难，他很难胜任研发工作，于是他向上司菲尔反映了自己的情况，希望能将自己调回设计部门工作。

没想到，菲尔告诉他："查克，你是个非常出色的程序员，现在的你只是水平生疏了，并不是因为你不能胜任这个职位。查克，再努力一下，你一定可以的。"查克听了菲尔的话觉得很有道理，自己为什么不再努力一下恢复自己当年的水平呢？于是查克回到了研发部门，更加努力地工作了。

虽然查克的工作热情被菲尔的激励点燃，但他的工作情况没有任何改变，他还是觉得自己在这个岗位上步履维艰，他要拼命努力才能跟上其他同事的进度，所谓事倍功半就是他现在的状态。于是，查克再次找到菲尔，要求菲尔将他调回设计部门，菲尔对他说："查克，你看你现在只要多付出一点时间，就可以实现目标了。你已经在恢复原来水平的路上，为什么要放弃，为什么要半途而废呢？在公司的核心部门工作不是更好吗？"查克再次觉得菲尔说的话很有道理，于是相信了菲尔的话，更加努力地工作。

就这样过了几个月，查克又提出了几次调职的请求，都被菲尔劝了回去，查克觉得疲惫不堪，他再也无法承受如此强度高、回报却极低的工作，他对菲尔说，如果再不将他调回设计部门，他就只能辞职了。

无奈之下，菲尔只好同意了他的要求，离开研发部时，查克对菲尔说："我很感谢你对我的激励，你的激励在情绪上对我确实很有帮助，不过这种帮助的作用越到后来作用越小，甚至到后来，你的激励让我觉得很羞愧：工作效率低下、没有干出什么成绩的我凭什么被这么激励呢？如果在这些日子里，你不是多次在口头激励我，而是给我一些实际上的帮助，解决我工作上的难题，可能会让我更快地恢复到原来的水平。"

菲尔听了懊悔不已，醒悟到自己虽然一心想激励查克，但不知不觉犯了错。

老实说，菲尔的激励确实点燃了查克的工作热情，让他更加努力地工作，但查克需要的是实际的帮助，就像一个溺水的人需要人把他从水中拉起来，有人却在岸边一个劲儿对他大喊“加油”，还不如扔给他一条绳子拉他上岸。虽然激励员工不断去尝试是一件好事，但如果员工不断尝试换来的只有失败，其挫败感就会被放大数倍，这时候的激励不仅起不到效果，反而会产生负面作用。

激励可以让员工在低迷的状态中树立积极的心态，集中精力工作，但有时候要先了解员工为什么低迷，才能制订出最佳方案，让员工走出低谷，为企业创造更多的利益。对于性格内向、不善言谈的员工来说，盲目的激励并不是有效的办法，反而会引起员工的反感。

邓某是一家杂志社的文字编辑，写的散文清新优美，写的故事扣人心弦。工作几年来，她一直兢兢业业，表现出色，深得杂志社主编赏识。但主编年事已高，即将退休养老，杂志社里的同事们都认为下一任主编必定非邓某莫属。就在下一任主编的人选即将公布时，出乎意料的是，邓某突然掉链子了，变得情绪低迷、粗心大意起来，她的文章中经常出现错别字，句子前言不搭后语。除此之外，她还经常发呆，主编发现后很不满，觉得邓某认定自己当定了主编就变得懒散起来，于是找到她，告诉她主编的位子尚未确定，希望她能摆正态度，继续认真工作。邓某认真地听取了主编的意见，坦承了自己的错误，表示自己最近状态确实不好，但会很快回到正轨。主编听了稍稍心安，当天公布了自己离职以后由邓某担任下一任主编的消息。

然而，在接下来的时间里，邓某的状态并没有什么改变，犯错和发呆的状况依然在继续。主编对邓某的状态很不满意，于是再次宣布下一任主编候选人尚未确定，邓某需要继续考察。其实，主编心里还是最看好邓某的潜力，但邓某的态度让他很失望，让他觉得这个年轻人太不成熟，需要再敲打敲打。没想到，第二天主编就收到了邓某的辞职信，邓某再次对主编表示自己最近的工作状态不佳，自己也不知道这种状态会持续多久，需要时间冷静冷静。主编一再挽留，邓某最终还是走了。后来主编才得知，邓某之所以整天魂不守舍，是因为失恋，此时主编懊悔不已，如果能对邓某更宽容一点，多给她一点时间，充分了解了实际情况后再做出决定，邓某可能就不会这么快离开，杂志社就不会失去一个优秀的领导人选。

这件事说明，身为领导，如果在员工陷入困境时不是给予员工实质性的帮助，而是责怪、打击员工，只会起到负面作用。

实质性的帮助分为多种，一次深入内心的促膝长谈、一次针对性的鼓励、一次解决燃眉之急的奖励，都会成为令员工难忘的激励。雪中送炭远胜于锦上添花，员工身处困难和低谷时，最需要的就是实质性的帮助，这个时候如果能给予员工帮助，远比一切激励有效。

但激励也不能盲目，如果不了解情况就盲目送上激励，很容易让雪中送炭变成落井下石，对员工造成更深的伤害。磨刀不误砍柴工，如果管理人员能在员工处于低谷时先了解员工低迷的前因后果，能有针对性地给予实质性的帮助，会让员工对企业更有归属感。

第八章
激励的终极目标

激励的终极目标，是引导员工进行自我激励。这也是一切管理法则的最高境界——作为管理者，最理想的状态是自己可以置身事外，实现真正的“无为而治”。但这绝非一蹴而就的事情，所以，要想实现激励的终极目标，需要管理者从一切日常工作中找到激励点，让员工在潜移默化中振奋精神，最终实现自我激励。

◎ 激励是一件长远的事

罗马不是一天建成的，任何事情都不可能一蹴而就。“不积跬步，无以至千里”，要想做好一件事，就要做好长期战斗的准备，激励也一样。

激励是一件长远的事情，任何事的量变积累到一定程度都可以引起质变，激励同样如此，而且在不同环境下，在不同时间段内进行激励也会起到不同的效果，长时间的激励可以让人的行事方式和交际方式都产生变化。

范范是人们眼中的天才少女，当同龄人刚刚进入高中时，她已经在江西上大学了。相比同龄人，她的头脑更聪明，大学毕业以后她很顺利地进入了一家创意设计公司工作。范范在工作上很有能力，在实习期间不管上面交代下来什么任务，她都能又快又好地完成。但实习期过了以后，范范正式入职，她的缺点却逐渐暴露了出来。也许从小她的思考方式就与同龄人不太一样，很少与人交朋友，她的沟通能力很差。每次有工作安排下来，她总是会又快又好地完成自己的部分，却忽略了与同事交流，互相协调任务。

部门负责人十分赏识范范的才能，但范范对同事所做的工作丝毫不关注，只管自己不管他人，不管出了什么问题都不闻不问，非要自己钻牛角尖解决的习惯让部门负责人很头疼。部门负责人为了改变范范这些对工作不好的习惯，开始每天激励她，建议她如果有不懂的地方就去请教那些成熟的设计师，平时每完成一部分工作都要跟同事交流，这样才不会做无用功。一开始范范对这些做法很不习惯，甚至有些抵触，只有当负责人叫她去做时，她才扭扭捏捏地去跟同事沟通，但在负责人坚持不懈的激励之下，范范最终还是改掉了这些毛病，成为公司最高效的员工之一。

长久的激励可以改变一个人，可以让一个原本存在很多缺点的员工发挥出最大的价值。长期地激励一个员工，需要管理人员有足够的耐心和较高的情商，三天打鱼两天晒网的方式和三分钟热度的激励方式都不能取得好的效果。

有个朋友小张弹得一手好钢琴，他曾为我讲述过一件他小时候学琴期间的事情。他的父母特别舍得在他身上投资，虽然他儿时的家庭条件不算好，但父母仍然愿意花费极高的费用坚持让他学钢琴。小张从小就特别懂事，他知道父母为了让他学琴付出了不少心血，可能是因为压力太大，负担过重，他一直没办法将琴弹好，认为自己并没有学琴的才能，甚至一度央求父母不要送他去学了。小张的老师除了钢琴水平出色以外，为人也很好，对小张谆谆教导。在老师的鼓励下，小张终于找到了弹琴的信心，水平也直线上升。

小张有一个表弟叫小马，两家表面上关系不错，但在各方面一直互相攀比。小马的父母看到小张学钢琴，也给小马找了个老师。小马是个活泼早熟的孩子，在父母的敦促下学得特别努力，一心想要超过表哥，可惜小马的老师是一个没有耐心的人，性子很急，一开始遇到小马不能理解意思时还会激励他，但时间一长，就开始斥责小马："你怎么那么笨？"这样的话，小马的老师说个不停，虽然小马很努力，但渐渐对钢琴失去了信心，最终放弃了学琴。

现在两家相处得很好，小马对小张弹得一手好琴非常羡慕。每当两人提起自己学琴的经历时，小马总是愤愤不平地说，如果自己当年碰见的老师像小张的老师一样，现在自己也能弹得一手好琴。

长期的激励才是有效的激励，就像庄稼只有长时间得到阳光的照耀才能茁壮成长。对此，很多管理人员表示赞同，但同时表示，虽然自己主观上愿意长期关怀每一名员工，但从客观上很难做到，因为自己有自己的事情要忙，没有那么多精力去关怀每一名员工的情况。对于这种情况，建立长期激励员工的机制才是最合理的办法。

那么，有哪些方法可以长期激励员工呢？主要有以下几点：

1. 与员工之间的交流要坦诚，能听取员工的意见

很多管理人员之所以能留下员工，将手下的员工变成自己的悍将，其中很重要的原因就是他们可以与员工坦诚地交流，能听从员工的意见。虽然管理人员在工作时应该有管理人员的样子，但私下与员工可以有良好的互动，如果能与员工成为朋友，就能在工作之余听到员工的真心话。员工与管理人员之间存在着隔阂，但朋友与朋友之间不存在隔阂。如果能与员工成为朋友，双方就可以坦诚相待，管理人员就能更好地从根本上激励员工。

2. 除了给员工“现在”，还要给员工“未来”

管理人员只有让员工看见更好的未来，员工才有动力在公司长期工作下去，为企业效劳。管理人员带给员工未来的方法有很多，比如为员工安排培训，提高员工自身的能力；比如给员工设立目标，待其实现后给予奖励。目标或远或近，奖励或大或小，从几百元的奖金到升职，都能让员工备受激励。

3. 解决员工的困难

员工离职、人才流失，有公司的责任，也有员工自身的问题。公司的责任要公司自己解决，员工的问题也不能不闻不问。如果员工本身处于某种困境，公司能适当伸出援助之手，解员工的燃眉之急，必定能让员工在工作上更加努力。

老李在一家公司工作了多年，从刚开始进入公司时他就给经理当助理，干了这么多年还是经理的助理，从来没有变过。虽然他与经理一起工作多年，但是经理赚的钱越来越多，他的工资始终没有怎么涨。他管的事情多，但是薪水很少。公司里的事情几乎什么都离不开他，但实际上他的工作换了谁都能做，只是熟练不熟练而已。于是，老李开始抱着混一天算一天的心态，日复一日地重复着单调的生活。突然有一天，老李遭遇了人生中的一场重大危机，他年幼的儿子出了车祸，需要一笔巨款来做手术。他苦于财力不足，只好向经理求助，但经理表示只能以私人的身份借给他一点钱，公司不能对他施以援手，这让老李很心寒。

没过几天，老李从这家公司辞职，去了另一家公司。对于老李这样一抓一大把的普通员工，没有人关心他去了哪里，但没有人会想到，他跳槽去的这家公司在短短几个月内抢走了原来他所在的公司的大量客户，迅速崛起。而这家新公司的市场部经理正是老李。老李在新的公司获得了新生，并不是因为老李的能力在这几个月里突飞猛进，只是老李在万念俱灰时突然发现自己在原公司当助理多年，对原公司的客户了如指掌，对原公司同样了如指掌。老李的事业迎来了第二春，为儿子做手术的钱也赚够了，整个世界变得越来越美好，老李原来所在的公司却破产了。

4. 公司的氛围要和谐

员工之间的关系就像邻居，如果相处得好，可以互相帮助，共同进步；如果相处得差，则会互相倾轧，互相捅刀子。其实员工之间能有多大的仇恨呢？大多数都是一些小事没有及时解决，造成误会难以化解。管理人员要让员工和睦相处，就必须让员工之间的矛盾尽早解决，因此可以经常组织员工一起参加活动，在活动中增进友谊，保持员工之间一种良性的关系，这样才能让员工感到公司的和谐气氛，才能让员工长期在公司工作。

5. 给员工一些贴心的激励

很多企业在激励员工时会为员工制定一些贴心的激励方式，或者在员工生日时送上一个生日蛋糕，抽出30分钟为员工庆祝生日；或者在员工结婚纪念日时送给员工一束玫瑰花；或者在员工儿女过生日时让员工早点回家。这些激励方式成本很低，却往往能收到极好的效果，让员工感受到自己是公司中重要的一部分。

激励不能临时抱佛脚，管理人员不能在员工需要关心时才去关心，这种功利性的做法会让员工产生不好的感觉。只有将激励员工制度化、稳定化，变成一种企业文化，才能长期促使员工发挥出最大的潜力，才能为公司创造更多的利益，才能让员工自发地为公司着想，让员工将公司当成自己的家。

◎ 给发动机加点油

国家、社会要以人为本，企业同样如此，出色的员工是企业最宝贵的财产。如果员工工作努力，企业的效益就能节节高升；如果员工态度怠惰，企业的发展就会停滞不前。

激励可以调动员工的情绪，让员工更加努力地工作，进而推动企业的发展。如果说企业是一辆汽车，员工就是企业的发动机。要想让发动机更有力量，就要不断给发动机加油，“油”就是激励。

激励作为员工的动力，有着重大的意义，如何通过激励给予员工动力，是管理人员必须面对的问题。有以下几个关键词可以很好地阐述这个问题，下面我们就来看看。

1. 信任

信任是上下级之间顺利沟通的桥梁和纽带，如果上下级之间失去了信任，管理人员的话到了员工身上大打折扣，企业如何能运转顺畅呢?

管理人员大致有以下四种类型：

第一种，会说会练。这种管理人员会告诉员工企业能给予员工什么，并且努力地实现诺言，帮员工实现目标，让员工更加努力地工作，实现双赢。

第二种，光说不练。这种管理人员会为员工画一张饼，让员工努力工作。等员工达到了管理者要求的目标时，却发现竹篮打水一场空。

第三种，光练不说。这种管理人员会努力地帮助员工达到期望，但是由于缺乏良好的沟通，员工并不知情，因此员工前期的工作会缺乏动力。

第四种，不练也不说。这种管理者与员工之间存在很深的隔阂，很难激发员工的斗志。

这四种管理者哪一种会得到员工信任呢？显然是第一种。一名优秀的管理人员，不仅要会说，还要做到言行一致，让员工知道管理者是值得信任的，管理者所描绘的未来是可以实现的，这样员工才会有动力，才会愿意为公司做出更大的贡献。

2. 效率

激励的目标之一就是提高员工的工作效率。严格的管理固然会让一切进行得井井有条，但也会将员工的个人表现局限在一个有限、可知的范围之内，只能保持效率。人类的潜力是无限的，激励会激发出员工更多的潜力，让员工突破个人的极限，创造惊人的奇迹。

3. 合作

管理人员虽然与员工是从属关系，管理人员很多时候都肩负着监督员工的责任，但有一句话说得好，你越是像对待某种人一样对待一个人，他就会越来越像那种人。真正会为企业着想的是什么人？自然是企业的主人。所以管理人员应该告诉员工，他们也是企业的主人，他们才会真正发自内心地为企业着想。

4. 活力

在企业里，如果有一名充满活力的、容易被激励的员工融入群体之中，就很容易对整个群体产生一种带动作用。一名员工表现优秀，其他员工就会争相效仿，管理人员管理起来就会事半功倍。

5. 沟通

在员工心目中，公司的阶级构成究竟是怎样的呢？很多管理人员并没有觉得自己是特权阶级，只是与普通员工分工不同而已，但是在员工心中恰恰相反，他们认为管理人员是有权阶级，高高在上，因此与管理人员之间存在隔膜。所以，管理人员要想与员工打成一片，就要经常跟员工沟通。管理人员主动与员工沟通，并询问其意见，会让员工觉得自己很重要，受到了重视，自己的能力得到了认可。这样的激励会化成能量，让员工活力十足、斗志昂扬。

6. 规矩

没有规矩，不成方圆。合理的奖惩制度、晋升制度会让员工更有活力、有动力。面对员工不同的需求，企业虽然不能面面俱到，但可以让员工明白，当自己付出了怎样的努力，达到了怎样的高度时，会获得怎样的利益。

一个能力已经超出了现在职位的员工，由于没有合理的晋升制度而无法升职；一个工作效率极高的员工，业绩远远超过同等职位上的人，却因为没有合理的奖惩制度而拿不到更高的薪水，这是不合理的。一旦出现这种情况，员工就会变得消极怠工，甚至毅然选择离开公司。

7. 需要

英国心理学家曾经做过一个实验，让人在问卷中选出他们认为人生中最重要的东西，可选的项目有很多：金钱、亲情、友情、爱情、事业、享受等等。最终的结果让人大跌眼镜，其中获得最多人选择的选项是被需要。由此可以看出，人最大的需求不是别的，而是被需要，企业的员工也是如此。只有让他们感受到自己很重要，让他们觉得自己是被企业需要的人，他们才会为了团队、企业努力工作。

法国一家化妆品公司为了让员工明白自己的重要性，专门开展过这样一项活动——让员工想象如果明天自己不在公司了，公司会变成什么样。每个员工都思考了这个问题，结果让他们自己大吃一惊：公司中不管少了哪个员工，都会给公司带来麻烦。

员工从来没有想过原来自己对公司是如此重要，是公司不可分割的组成部分，于是都心满意足、备感光荣，从此工作起来动力十足。

8. 竞争

机会是留给有准备的人的，谁是准备充分的人呢？在激励中加入竞争机制无疑是考验一个员工是否准备充分的最佳方案。人都有好胜之心，为了获胜，哪怕没有奖品，没有任何好处，也不允许自己在同样条件下输给他人。

企业的动力靠员工，员工的动力靠激励。只有正确运用激励员工的方法，才能让企业发展起来，让企业更快前进。

◎ 将企业的命运交到员工手里

如何快速让一个人将一所房子当成自己的家？最简单的方法就是把房子的钥匙交到他手上。如何能让员工把企业当成自己家？当然是让员工成为企业的主人。前面说过，只有当员工对企业产生归属感，真正把自己当成企业的主人翁时，才能最大限度地为企业做出贡献。

对企业缺乏归属感的员工，面对问题时往往会采取独善其身的做法，做出种种缺少责任感的事情，而不是主动解决问题，比如面对不大不小的问题时觉得多一事不如少一事；趁老板不在时偷偷消遣娱乐，干自己个人的事情；下班时还有没做完的工作却急于回家，工作进度没有保障。

试想，员工如果一直抱着这种得过且过、当一天和尚撞一天钟的心态，怎么能做好工作呢？

只有培养员工的主人翁精神，让员工认识到自己是企业的主人，培养起员工对企业的责任感，才能让员工与企业融为一体，让员工尽最大努力为企业做出贡献。

那么，如何让员工意识到自己才是企业的主人呢?

1. 对员工开诚布公

不少企业管理层对于企业出现的问题都对员工藏着掖着，生怕员工知道了情况会引发恐慌。管理人员认为员工只要按照规章制度做好自己的事情就可以了，没必要知道太多公司的事情。这种做法虽有一定的道理，但有时候将企业的事情开诚布公地告诉员工未必是坏事。员工如果对企业的情况不清不楚，就难以完全理解管理人员的目的，容易对管理者的意图进行过度解读，引起一些不必要的谣言，反而影响工作。

在企业面临危难之时，如果能对员工开诚布公地说明企业的实际情况，反而会让员工齐心协力，帮助企业共渡难关。

三星公司现在是全球最大的智能手机出货商之一，当年三星公司携带着他们的产品进入欧美市场时一度遭到冷遇。时任三星集团会长的李健熙亲自赶赴美国考察美国市场，目睹三星产品在美国的遭遇后，他做出了一个重要的决定：将公司的真实遭遇和困难告诉所有员工。

当时不少三星的管理人员都站出来劝他别这么做，告诉他，这样只会让员工失去对公司的信心，但是李健熙执意为之，力排众议，举行了一次演讲，讲了八个多小时，对三星产品在美国的遭遇进行了详细的描述，并且告诉三星的员工，三星公司如果再继续这样下去，恐怕就要面临更加严重的危机了。三星的员工们听了之后大为震惊，但马上燃起了斗志，决意一定要让三星免于危难。

经过三星员工的共同努力，最终三星公司的产品在电子市场上大放异彩，三星也成了世界驰名的电子产品品牌。

可见，管理人员大方地告诉员工企业的危机，比员工自己乱猜要好。员工得知企业面临的危机，一来会做好心理准备，二来会帮助企业渡过难关；反之，只会谣言四起，引起一片混乱。

2. 让员工有自己的选择

让员工自己做出选择，自己做出决定，听起来是个风险很大的决定，但实际上并非如此。员工都是成年人，知道该做什么，不该做什么。如果在工作相关的事宜上，给予员工信任，适当下放权力给员工，员工的主动性就会更强。

某小学清扫操场都是由老师带领学生，划分责任区来完成的。平时清扫任务不算繁重，学生都坦然接受，没有什么怨言，但是到了秋天以后，学生开始对清扫操场怨言四起，说每天掉落的树叶实在太多，才刚扫干净一会儿，马上又堆满了树叶。

面对这种情况，老师一开始让学生将划分好的责任区清理干净，但收效甚微。有的学生在清扫时开小差，有的躲到老师看不见的地方，更有甚者，等到清扫完才露面，这么一来，真正每天负责清扫的几个好学生也开始有怨言。

在此情况下，老师决定将扫与不扫的决定权交给学生自己。

刚开始时，孩子们都不愿意去扫那些落叶，但当他们看到划分出来的责任区周围都干干净净，只有自己所在班级的责任区堆满了树叶时，都觉得很丢脸，几个班级荣誉感特别强的同学立刻拿起扫帚开始清扫落叶。其他的学生看见有人先行动了，也加入了清扫的队伍。孩子们干得特别起劲，再也没有人偷懒，很快就把责任区扫得干干净净。

管理人员不应该成为只是会对员工发号施令的人，而应该成为将公司决策推广给员工的人。只要公司的决策推广下去，给员工适当的自由，在保证完成任务的基础上自行安排工作时间和工作方式，让员工做好自我管理，员工会更有动力。

3. 不必忌讳员工参与到管理中

中国自古以来就是一个等级制度森严的国家，到了现在，很多管理人员仍然认为让员工参与到管理中来是“逾制”。然而，现代社会已经不是封建社会，让员工参与到管理中来已经成为大势所趋。

员工由于奋斗在第一线，很多时候比管理人员更能发现企业存在的弊病，对于如何解决这些问题，管理人员一个人的智慧毕竟有限，员工们集思广益拿出的方案往往会比管理者制定的方案更可行。如果能让员工参与到企业规章的制定中，让员工感受到自己与管理人员一样都是企业的主人，工作起来会更加努力。

除了可以让员工自己制定规章外，也可以让员工参与到管理中来，这是让员工感受到自己是企业主人的最直接办法。

美国通用食品公司从20世纪70年代开始，就在一家分厂试行员工参与企业管理制度。该公司管理层下放给员工很多权力，让员工自己监督，自己管理。

这场全体员工参与的管理实验总共实验了三种方案：

第一种，将员工分为3~15人的小组，小组根据企业和相关部门设定的生产指标，由员工自己决定如何完成任务。只要任务能顺利完成，就可以拿到奖励。

第二种，让员工组成6~8人的质量管理小组。这种小组主要负责研究和解决发生在第一线工作中的实际问题。对于出现的问题，管理小组需要向上级报告，等待上级批复并且给出解决方案后着手解决。

第三种，也是由6~8人组成一个小组，但这种小组有专业的顾问随行，一旦出现问题，小组可以自行寻求解决方案，然后将方案交由上级审批。

这种让员工集体参与到管理中的管理方式获得了很大成功，让美国通用食品公司这个分厂在一年内经济效益大幅提高。很快，很多企业也纷纷效仿，五年之内就有2,000多家企业成立了由员工组成的质量管理小组。

让员工参与管理可以让员工感受到自己深受重视，对提高员工的主人翁意识和工作积极性都有很大的帮助。

4. 对于员工提出的意见要给予重视

想让员工感受到自己深受重视，一定不能忽略员工的意见。员工提意见是与管理者进行沟通的大好时机，而且来自工作一线的意见有时候比管理者用数据估算出来的形势更加准确。管理者如果独断专行，不仅会伤害到员工的积极性，给员工留下不好的印象，甚至会导致企业的决策走向失败。

世界某知名运动品牌公司XX生产出了一款很受市场欢迎的气垫鞋。这种气垫鞋让XX公司在女鞋的市场占有率上一举超过了当时的业界龙头YY公司。此时该公司有两个选择：一是继续专攻女鞋市场，巩固女鞋市场的霸主地位，与YY公司平分运动鞋市场；二是利用这个大好时机，在男鞋和运动用品市场对YY公司发起进攻，争夺市场份额，成为真正的业界龙头。

XX公司的很多部门领导都倾向于巩固女鞋市场，主张不要失去本身基础牢固的市场，但当时公司的董事长却无视下属的意见，决定跟YY公司展开厮杀，争夺业界龙头的地位。

没想到，第二年，YY公司使出了撒手锏——可视气囊运动鞋。这种高品质的运动鞋刚一投入市场就大受欢迎，供不应求，将XX公司打得落花流水，事实证明，XX公司董事长的决策是错的。公司各部门的管理人员因为董事长的独断专行陆续离开了公司，公司一下子流失了一半以上的员工。

管理者的独断专行，忽视员工的意见，会让员工难以接受，尤其是管理者独断专行导致公司陷入困境，更是会让员工失望至极。因此，不管什么时候，管理者都应该虚心听取员工的意见。

让员工参与到企业管理中，会让员工意识到自己是公司的主人，公司的事情就是自己的事情，这样的激励才能让员工发挥出更多的创造力、积极性、想象力，全心全意地投入到工作中去。

员工的精神面貌得到改变，企业的精神面貌也会得以改变，焕发出新的生机，可谓企业与员工双赢。

◎ 激励之前，先成为员工的朋友

古语有云：“士为知己者死，女为悦己者容。”要想让员工拿出百分之百的精神来工作，要想留住人才，不妨先成为他们的朋友、知己，这样往往能起到金钱和职位都无法起到的效果。管理者如果能以诚意换取员工的真心，员工的忠诚度和凝聚力必然会上一个台阶，最终转化为工作的能力。

那么，对于一名让员工有距离感、隔阂感的管理人员来说，如何才能与员工成为朋友呢？有以下几个方法：

1. 放下管理者的架子

管理者不能在员工面前表现出一副高不可攀、高高在上的样子，如果老是摆领导架子，就不可能融入员工中，不可能成为员工的朋友。管理者只有尊重员工才能赢得员工的尊重。

在一些公司的年终晚宴上，很多管理者为了能在员工心目中留下平易近人的印象，都会参与表演一些节目，或者唱歌，或者跳舞，甚至还会表演一些诙谐幽默的短剧。这样的举动无疑会让员工觉得管理者和蔼可亲，管理者也会更加受到员工的爱戴。

国外很多管理者都深知与员工和睦相处的重要性，为了与员工有深入的沟通，不少企业取消了为公司高层准备的餐厅，让管理者与员工一起用餐。很多管理者偶尔也会深入员工工作一线，与员工一起工作。美国就连总统候选人也不敢在民众面前摆架子，去工厂演讲就穿工人的工作服，去乡村演讲就穿得一身乡村范儿。放下领导的架子，与员工平等相处，可以消除管理者与员工之间的隔阂，让员工产生一种亲近感，这样才能激发出员工工作的热情。

有才华的人，往往都很倔强。如果管理者老是用颐指气使的态度对待人才，恐怕到最后手下不会有一员得力的干将。就连微软公司总裁比尔·盖茨也曾放下架子，亲自为微软寻找人才。

微软公司虽然是世界上最大的软件公司，但也并非人人都想进入微软工作。每当有比尔·盖茨觉得千金难买的人才，他都会志在必得，不惜放下身段，亲自前往游说。

杰姆·莱恩是一名出色的技术人才，微软所制作的软件在他眼中一文不值。他的心气很高，虽然比尔·盖茨邀请他加入微软，但他始终觉得自己可以创立比微软更大更好的公司。无奈之下，比尔·盖茨只得数次约见杰姆·莱恩，每次杰姆·莱恩都会对比尔·盖茨冷嘲热讽，但是比尔·盖茨都不以为意。最终杰姆·莱恩被比尔·盖茨的诚意感动，加盟了微软。杰姆·莱恩加入微软的第二年，就为微软创造了几百万美元的利润。

总有管理者认为自己一旦放下了架子就会失去威严，员工就不好管理了。其实不是这样，有时候适当地融入群众，反而会让管理者拥有更好的形象，让员工更加爱戴。

2. 合理地运用下班以后的时间

与员工能打成一片的管理者才能真正赢得员工的爱戴，如果抛去工作上的上下级关系，两个人就会以更容易接近的方式来相处；如果管理者能跟员工成为朋友，赢得员工的信任就会变得事半功倍。

某矿业公司销售部突然空降一名经理杜某，对其他员工的升职造成了影响。杜某知道下属表面上对自己恭恭敬敬，但其实并不欢迎自己，不过他相信自己可以尽快融入这个团队，因为他有一套独特的方法。

工作没几天，杜某以方便联系工作为由获得了部门所有人的QQ号码，然后建了一个QQ群，把所有员工都拉了进去。等到周末晚上大家都在线时，杜某突然提议大家一起玩一款很流行的网络游戏。大家都是年轻人，也都在休息放松时间，于是接受了杜某的提议，一起玩开了。接下来的日子里，每到周末，他们经常一起玩游戏。

几个月以后，办公室的气氛变了，杜某跟员工们一起吃饭、聊天，甚至勾肩搭背，成了好朋友。

面对员工们的不欢迎、不喜欢，杜某没有选择站在员工的对立面，而是巧妙地运用自己的方式与员工们打成了一片，让员工们感受到自己的和蔼可亲，消除了自己空降带给他们的陌生感和敌视心理，这时候再开展工作就容易得多了。

管理者跟员工打交道时，绝不能将自己的工作区域圈定在小小的办公室里，在生活中亲近员工是拉近自己与员工距离的绝佳方式，只有在生活中才能与员工产生最自然的交流，建立起彼此之间信任的桥梁。

3. 用人不疑，疑人不用

一个企业规模越大，越要依靠诸多员工共同努力才能创造出辉煌的业绩，如果只靠管理者一人，企业是无论如何都不能做大做强的。管理者要学会运用员工的力量，依靠员工的力量。管理者如果抱着怀疑的态度来对每个员工，不仅会让员工对企业没有归属感，还会影响员工的斗志。

如果想要员工发挥出自己最大的能量，就要给员工信任，放心把事情交给员工去办。如果管理者不懂得以对员工的信任换取员工对自己的信任，工作就不能顺利开展。

某传媒公司想承办一场规模盛大的活动，这个活动能举办成功，不仅会带来很大的利润，而且会帮助公司在业内打响名气。该公司营销部的经理小周带着计划书数次与活动主办方商谈，最终双方商定以60万元的价格合作。虽然以60万元的价格承办这个活动，对于公司来说已经有不少的利润，但老板并不是很满意。几天以后，活动主办方突然给小周打来电话，说60万元的价格有点高了，还要再详细商谈，希望小周的公司能降低价格。小周本着举办这次活动会对公司产生最好的宣传作用的想法进行了谈判，最终以50万元的价格承办了这次活动。原本的60万元老板就不是很满意，现在居然降到了50万元，公司除了成本的费用之外几乎只能赚个人工费。

老板对小周的工作很不满意，他觉得不该只收这么少的钱，并且怀疑价格从60万元降到50万元是不是小周与对方达成了什么秘密协议，小周把差价装进了自己的腰包。于是老板背着小周找到了活动的主办方，重新就价格与对方展开了谈判，并且咬定最低要60万元，结果双方闹得不欢而散。

当小周得知老板没有告诉自己，私下与对方谈判，反而导致本来谈好的商业合作告吹的消息后，大受打击，没想到老板这么不信任自己，怀疑自己中饱私囊。思考了几天，小周提出了辞职。

作为一个管理者，充分信任员工，让员工放开手脚开展工作才能让员工产生强烈的责任感和自信心，管理者只有信任团队、信任自己的员工，将信任作为企业对员工的投资之一，才能起到最好的激励效果。

信任员工也并不是无条件的完全信任，人性中的自私和贪婪往往会让人犯下一些不该犯的错误。英国的巴林银行曾经无条件地给予新加坡分部的里森行长绝对的信任，但里森行长为了保住自己的位置，一直做假账隐瞒银行亏损的消息，最后给巴林银行造成了8亿多英镑的损失，巴林银行也因此破产。因此，管理者给予员工信任时，也要在规章制度上加以完善，建立一套成熟、有效的监督体系，以预防悲剧发生。

4. 与员工交流时要注意细节

员工不喜欢管理者的原因有很多，甚至本来很小的事情发生在管理者身上，在员工眼里会被无限放大。如果管理者在与员工交流时能注意到细节方面的东西，会让员工觉得自己是被重视的，也会受到激励，发挥出更大的力量来。

不过这些细节上的东西说起来简单，做起来难，越是小的细节越容易被管理者忽视。那么，一个管理者在与员工交流时，要注意哪些最基本的细节呢？

（1）记住员工的名字

名字是区别一个人与另一个人的标志，准确记住他人的名字是对他人最基本的尊重。如果管理者能在与员工的交流中尽可能准确地提到他的名字，会让员工产生强烈的认同感，全身心地投入到工作中去。

如果管理人员本身的记性不是很好，对员工的名字经常扭头就忘，反而会起到反作用。员工已经将名字告诉你了，你却忘记了，会让员工觉得这是一种忽视。管理人员要运用各种方法记住员工的名字，甚至可以给员工取一些相对比较亲切的外号，帮助自己记忆员工的名字。如果管理人员能在工作之外的场合叫出员工的名字，会让员工十分惊喜。

（2）对于任何员工，都要热情，有礼貌

人对人是否尊重，可以从态度上看出来。有些管理者习惯对员工发号施令，经常以居高临下的态度说话，这样的管理者难以与员工成为朋友。每个人都有自尊心，每个人都有逆反心理，居高临下的态度、命令式的口吻无疑会伤害员工的自尊心，激发员工的逆反心理。

一个好的管理者让员工做事时往往会采取温和的口吻、询问的态度，这种非命令、非强迫式的口吻会让员工更加心甘情愿地去做事。

温和的语气除了会让员工更加自发和积极地工作之外，还可以更好地传达信息。如果管理者每次传达消息时都采用不容置疑、强硬的口吻时，员工自然不敢对信息进行详细询问，容易造成信息传达不当。温和的语气让员工有勇气询问这份工作的可行性和这份工作具体的工作细节，可以更好地完成任务。

（3）对所有员工无差别对待

我们说激励员工不能用一刀切的方式，指的是在待遇、奖惩上，并不是在态度上。不管对什么样的员工，我们都要同样重视。每颗螺丝钉都有自己的价值，少了哪一颗螺丝钉，企业这台机器都不能运转顺畅。管理人员也离不开其他的员工，甚至一个办公室助理、一个前台接线员，都有自己的作用。如果管理人员对这些人不够尊重，很快他就会知道这些“螺丝钉”的厉害。

张涛是某酒吧的签约歌手，由于他出身于音乐世家，加上后天专业性的训练，很快他就成了酒吧里赚钱最多的歌手之一。但他因为年少得志，经常表现得十分傲慢，尤其是对于为他配乐的乐手们，他更是看不起。每次跟那些乐手来往时，张涛总在想：“一个月赚的钱还没有客人送我的礼物多。”张涛虽然没有在言语上表达过自己对乐队乐手的轻视，但乐队乐手还是从他的表情和态度上看出了端倪。

张涛最近在演出时总是出错，节奏不是快了半拍就是慢了半拍。他觉得很奇怪，按照自己的专业水平不应该会犯这种愚蠢的错误，于是在几次出错以后，他开始留意自己唱歌时的伴奏，发现原来是乐队在伴奏时做了手脚。张涛大为恼火，去找酒吧总监讨说法，说乐队在背后给他下绊子。酒吧总监听完张涛的话勃然大怒，不过不是生乐手的气，而是生张涛的气。总监说乐队早就向自己反映张涛最近水平下降，经常出错，想不到张涛还恶人先告状。虽然张涛确实有几把刷子，但实在太傲慢，于是总监就把张涛炒了鱿鱼。

与张涛有着类似遭遇的还有在贸易公司的吴哲。吴哲毕业于一所名牌大学，毕业后进入公司没多久，就凭借出色的能力获得晋升。他特别看不起那些学历低、从事简单工作的同事，尤其是对办公室配备的助理文员更是看不起。每次他都要文员帮他复印文件，他还总是颐指气使，如果文员出了什么错，他更是毫不留情地挖苦指责。后来吴哲发现自己在工作中总是碰见一些小麻烦，比如坐火车出差时永远都买不到卧铺车票，坐飞机出差到达目的地时总是深夜，出差住的酒店总是地处偏僻、条件恶劣。甚至有几次因为休息不好，差点耽误了工作。吴哲仔细一想，明白这是文员在给他“穿小鞋”，从此改变了对文员的态度，再也没有犯过以前那些低级错误。

在企业中，不难看到一些中层、高层管理者经常对职位低的员工呼来喝去，这种不尊重人的表现会让员工觉得自己受到了侮辱。本身职位较低的员工就对管理者有抵触心理，加上得不到管理者的尊重，伺机报复的事情就时有发生。

管理者与员工可能在职位上是上下级的关系，但是从人格的角度上来说是平等的。管理者只有尊重每一名员工，才能得到员工的肯定。

◎ 反激励起到正效果

每个人都有不同的价值观，不管是对世界、对社会，还是对自己。自己有多少价值，自己很清楚。当有人否定自己的价值，就会激起好胜之心，产生一种不服气的情绪。这种不服气的情绪不仅可以运用在员工之间的竞争之中，还可以用在激励员工上。

激将法是自古以来就被广泛运用的一种激励手段，《三国演义》里就有诸葛亮激将老黄忠，定军山斩曹军名将夏侯渊于马下的故事。对于特别困难的任务，正面激励员工起到的效果反而不如激将法。

美国由于犯罪率居高不下，建立了多所监狱。其中一所监狱有个很好听的名字，叫“星空”。这所监狱里关押的都是有严重暴力倾向的重刑犯，在监狱中这些人并没有改过自新，打架斗殴的流血事件几乎每天都在发生。星空监狱恶名昭彰，几乎没有人愿意去那里担任管理人员，典狱长更是走马灯似的换。

负责这座监狱的史密斯先生决定派遣一个有足够能力和勇气的人来担当典狱长，于是找到了他的老朋友劳伦斯。史密斯先生一见到劳伦斯就开门见山地问：“老朋友，你愿意去当星空监狱的典狱长吗？”

劳伦斯的脸上马上晴转多云。他早就听说过星空监狱的大名，对于去那里工作，他一百个不愿意。

史密斯看着满脸写着拒绝的劳伦斯，又说了一句：“你有压力也正常，毕竟没有能力和经验的人是无法管好星空监狱的。”史密斯这句话很巧妙，让劳伦斯两头为难。如果他硬着头皮接下这份工作的话，就能证明自己有能力管理好星空监狱；如果自己不接下这份工作，等于承认自己没有能力管理好星空监狱。

思来想去，最后劳伦斯表示自己完全能接受这份需要足够能力的工作。

后来劳伦斯在星空监狱大获成功，他将星空监狱管理得井井有条，成了这座监狱历史上最著名的监狱长，还出了一本畅销书《万年星空》，在这本书中，他讲述了自己在星空监狱的故事。

激将法可以激发下属的斗志，怀疑、担心、轻视都会让员工生出不服气的心理，员工在这种情况之下往往可以发挥出最佳的能力。不过激将法并不是对所有的人都适用的，一般来说比较冲动好胜、骄傲自大、外向热情的人比较容易受到激将法的影响，而深沉保守、性格多疑的人对激将法则有根本上的免疫力。另外就是运用激将法也要适度，每个人的承受能力都不同，但是每个人可以承受的压力都相对有限，如果给员工的压力太大，激将激过了头，很容易将员工压垮，从此一蹶不振。

反激励的方法还有很多，其中一个就是如何处罚员工。说到处罚员工，各公司都有自己既定的制度，但是制度合理不合理很重要，能否得到贯彻落实更重要。企业处罚犯错的员工，首先要以严格为准。这里说的“严格”并不是指惩罚的力度，而是指惩罚的标准。哪怕只是口头上的批评也是有必要的，万万不能因为觉得员工犯的只是小错，就假装没有看见。

在心理学上有一种效应叫“破窗效应”。所谓“破窗效应”，指的是细节对人有暗示效果，一开始也许只是小小的变化，但演变到最后可能会对结果产生巨大的影响。

在企业管理上也是如此，如果因为员工犯了小错而没有惩罚，那么接下来其他员工的错误可能会接踵而来。比如公司有规定，工作时间严禁浏览与工作无关的网站，更不许利用公司的电脑从事娱乐活动。在公司没有业务、员工十分清闲时，有一个人悄悄地用电脑看起了电影。管理者心想，反正大家闲着也是闲着，就看一会儿吧。结果其他员工纷纷效仿，看电影的看电影，玩游戏的玩游戏。从那以后，不管公司忙还是不忙，总会有员工偷偷地在工作时间看电影、玩游戏、刷微博。整个办公室的工作效率极为低下。

“千里之堤，以蝼蚁之穴溃，百尺之室，以突隙之烟焚”，规定如果不能严格执行，违反的人就会越来越多，企业所制定的规则最终只能成为一纸空文。

在20世纪的日本曾经发生了这么一件事：一个美国人在百货商店购买了一台唱片机，百货商店的营业员不小心将一台空心的样机卖给了他。百货大楼的经理得知了这个情况后非常着急，狠批了犯错的售货员，并让他一定要赶快找到那位顾客，如果找不到就不要下班了。有很多人觉得经理是不是太小题大做了，又不是什么大事，只要找到顾客更换一下就好，不必这么大动肝火。售货员满怀委屈，打了35通电话才好不容易联系到那个美国人，为他更换了唱片机。

这件事看起来只是一件小事，但是小事背后隐藏着会让百货公司遭受重大打击的危险。这名美国人的职业是一名记者，她将唱片机买回家发现根本不能使用时气得暴跳如雷，马上写了一篇百货公司售卖假货、欺骗消费者的文章，准备第二天就登报。就在记者要将这篇文章交给编辑时，她接到了售货员的道歉电话，百货公司第一时间为她更换了唱片机。而且得知百货公司接连给她打了35个电话后，更让她深受感动，于是撕毁了那篇报道，重新写了一篇赞扬百货公司的文章，名叫《35个紧急电话》。

经理的"小题大做"不仅让百货公司在社会上得到了更好的声誉，并且警示了其他员工，提高了其他员工的工作质量。

破窗理论就是要降低员工犯错的概率，凡事都要求严格，哪怕再小的错误也不能容忍，这样一来，员工就会努力避免犯错。

另外，处罚犯错员工时，也要注意对其他员工会有怎样的影响。如果管理者处理得当，就会起到杀鸡儆猴的效果。

美国一家机械制造公司对员工工作的操作流程有严格的制度管理，规定切割金属时必须用一块防护挡板挡住员工的身体，以免员工受伤。但如果将挡板从身前撤走，员工就可以更快地收取切割好的零件。车间有个工人名叫杰瑞，在这里已工作多年，对切割零件早已驾轻就熟，他觉得挡板只会妨碍自己工作，所以每天他都会偷偷把挡板撤离自己的身前，以更快完成任务。

有一天，杰瑞将挡板撤离自己身前时，正好被车间主管看见，主管大发雷霆，勒令杰瑞赶紧将挡板重新装上，并对他发了一通脾气。但事情发展到这里并没有结束，第二天杰瑞刚上班总裁就把他叫到了办公室，通知他他被辞退了。

随后，总裁就杰瑞的事情召开了全体会议，告诉全体员工在工作中要严格要求自己，遵守工厂的纪律。危险操作不仅可能会对自己造成伤害，如果出现事故更是会让公司陷入困境。

杰瑞的事情给所有的员工敲响了警钟，从此员工们都严格地遵守着工厂的规章制度，“杰瑞事件”再也没有出现过。

杀鸡儆猴是一种很好的激励方式，能给员工留下深刻的印象，有显著的激励效果。但杀鸡儆猴也要遵循几个原则，“鸡”不能想杀就杀，“猴”也未必会被儆到。

1.“鸡”的选择要慎重

只有对“鸡”严厉的处罚才能“儆”猴，只有对犯错员工的惩罚有一定的力度才能警醒其他员工，所以在选择“鸡”时不能草率。人非圣贤，孰能无过？如果员工并非故意犯错，只是因为一时疏忽，或者因为工作不熟练而犯错，是可以原谅的。仅仅因为员工一时疏忽就严惩他，就会伤害到员工的自信心。而且其他员工也会觉得寒心，对公司离心离德。既然要重罚，选择的员工最好是明知故犯、屡教不改的类型。

2. 知道“猴”是什么样的“猴”

被警示的员工需要有自觉性，这种激励的方式才有效。如果员工没有自觉性，就达不到警示员工的作用，大张旗鼓地惩罚员工，只会让其他员工觉得管理层冷酷无情。

3. 杀鸡儆猴要选在合适的时间

并非所有时间都适合管理者来警示员工。如果公司目前的情况很好，员工士气高昂，团队氛围和谐，但员工由于犯了其实比较轻微的过错，管理者就对其进行严厉批评，肯定会破坏现有的氛围，让员工感到莫大压力，情绪从高昂转向低落，积极性受到严重挫伤。

4. 杀“鸡”之后对“猴”要公平

惩罚员工是为了明确企业规章制度的庄严性，警示其他员工。如果其他员工在这个节骨眼上撞到了枪口，一定要一视同仁地处罚。企业的管理者如果因为某些原因在刚刚“杀鸡”之后就降低了惩罚力度，其他的员工就不会被吓住，也起不到明确企业规章制度的作用。

杀鸡儆猴要找到合适的时间，但是惩罚犯错的员工是有时效性的，如果惩罚不够及时，就会引起员工的反弹，也会招致其他员工的误解。

曾某有很严重的“五月病”，每年到了五月左右，他就开始变得非常懒散，工作上的事情能拖就拖，经常完不成任务。他的这种表现让公司的主管十分不满，打算召开一次员工会议来批评他，但是因为随后的工作比较忙碌，这个批评会议就被延后了。

六月的曾某已经挨过了“五月病”，开始变得勤奋起来，表现十分出色。这个时候，主管终于有时间召开批评曾某的会议，对曾某进行了严厉批评。曾某觉得很委屈，自己这个月明明干得不错，为什么还要被批评？于是他跟主管大吵了一架，说主管对他有意见，公报私仇。其他员工对曾某六月的表现看在眼里，一边倒地支持他。主管不仅在会议上下不了台，更是在员工心中留下了以权谋私、公报私仇的恶劣印象。不久，主管因为难以管理手下员工，被调去了别的部门。

人都有感情，有些感情是正面的，有些感情则是负面的。正面的感情可以激励员工，调动员工的主动性和积极性，负面感情也可以起到同样的效果。这种对员工施压的激励法有时候比正面激励员工还有效，但如果运用不当，则不会产生激励的效果，甚至会起到反作用，所以运用时要格外慎重。

附录
激励员工的45句金玉良言

1. 为员工树立一个榜样。榜样的力量是无穷的，有了榜样让员工效仿，员工自然就会努力工作朝着榜样前进。

2. 管理者要以身作则。员工拿企业中高层做样子是很平常的事情，如果管理者自己都不能在工作上主动、积极，那么要怎么服众呢？

3. 管理者在员工面前要放下架子。一个高高在上的管理者是不可能很好地了解员工的，对员工一知半解的管理者不可能很好地激励员工。

4. 融入员工中。与员工打成一片的管理者无疑说话更有号召力，更受员工的拥戴。

5. 不要用命令的语气。性格强势的员工不喜欢被人以居高临下的态度说话，会引起逆反心理。性格不强势的员工在管理者强势地下达命令时，会不敢询问了解具体工作的情况，容易造成信息的错误传达。

6. 与员工沟通要讲究方法。与员工交流要比平时更加注意，要有礼貌，要懂得倾听，不然可能会在无意之间伤害员工，让自己站到员工的对立面上。

7. 学会记住员工的名字。管理者能记住员工的名字，不仅会让员工感觉得到了尊重，也会让员工觉得自己是受到管理者重视的。

8. 不要吝啬赞美之词。人人都需要赞美，员工也不例外。经常赞美员工会让员工更加充满热情地投入工作。

9. 干净、整洁、舒适的工作环境也是一种激励。工作环境好，员工的心情就会好。员工的心情好，工作效率自然就会提高。

10. 员工的建议要听。员工作为第一线的工作人员，往往会是最先发现问题的人，也可能是最会解决问题的人。多听员工的建议肯定会有意想不到的收获。

11. 和员工做朋友。管理者与员工成为朋友，会更加了解这位员工，乃至其他员工的状态，从而让管理者能更好地激励员工。

12. 适当放手，给员工更大的权力。员工需要尊重，也需要自由。用高压政策将员工钉死在工作岗位上，效率怎么可能会高？

13. 坚持公平原则，对员工一视同仁。不管是奖还是惩，管理者要做到一碗水端平，如果员工觉得自己受到了不公平的待遇，仇视管理者，那么管理者的工作就不好进行了。

14. 帮助员工解决生活上的困难。知恩图报是大多数人都有的情操，往往管理者的举手之劳会让员工对企业更加忠诚。

15. 管理者要说到做到。管理者的诚信会决定员工下一次是否会再相信管理者，当管理者失去了诚信，他所说的话不会让员工产生行动力，那么管理者和光杆司令也就没有区别了。

16. 关心员工，也要关心员工的家庭。在工作场合关心员工，员工总是会觉得可能管理者有些功利的目的，但是在生活中关心员工，会让员工更加感动。

17. 适当的奖励必不可少。看得见的奖励最实惠，没有员工会不喜欢奖金或者实物奖励的。

18. 精神奖励也要跟上。每个人都有虚荣心、好胜心、荣誉感，公开表彰，满足员工的荣誉感，员工的士气会大大提高。

19. 请将有时不如激将。诸葛亮激老黄忠就是如此，关键时刻正面的激励未必会有负面的激励来得有效，激将法可能会让员工爆发出更大的力量。

20. 杀鸡儆猴有奇效。对于经常违反企业规章并且屡教不改的员工，不妨对其施以比较严厉的惩罚，让他将公司的规章铭记于心，也可以让其他的员工引以为戒，避免发生同样的错误。

21. 向员工请教问题。员工身为第一线的工作者，在有些事情上比管理者看得透彻并不奇怪，尤其是在其他员工的精神面貌等事情上，一定比管理者要了解。而且向员工请教问题，会让员工有被重视的感觉。

22. 批评和安慰要并行。对于犯错的员工不能光批评就完了，批评的目的是要让员工知道错了，而不是让员工羞愧，让员工感觉受到侮辱。批评加上安慰才能让员工体会到管理者的良苦用心，而不致产生误会。

23. 多注意员工的优点和长处。每个人对于自己的优点、长处都是很骄傲的。管理者如果能发现员工的优点和长处，并且给予肯定和赞赏，员工会把管理人员视为知己，上下级关系会更加和谐。

24. 除了关心员工本人，还要关心员工的家庭。员工拼搏奋斗不仅是为了自己，更多是为了自己的家庭，如果企业能从家庭方面对员工进行关心会让员工更加感动，起到事半功倍的激励效果。

25. 落后的员工更需要帮助。不少管理者眼里就只有那些先进的员工，对于落后的员工向来都是不屑一顾的。如果能帮助落后的员工，除了能让他们在工作上有所提高，还会增加他们的忠诚度。

26. 在“外人”面前表扬员工效果更好。管理者如果能在客户面前或者其他部门的领导面前称赞员工，要远远比在其他员工面前称赞员工有更好的效果。

27. 管理者要勇于承认自己的错误。管理者主动认错，会让员工觉得管理者心胸宽广，待人平等，不搞特权。平易近人的形象一下子就会深入员工的心里。

28. 为员工提供些特殊的奖品。管理者对员工要有一定的了解，在了解了员工以后，特意为员工及其家人提供一些与平时不同、有针对性的奖品会让员工被关怀的感觉成倍地增长。

29. 学会倾听员工的真心话。不少员工在工作方面、家庭生活方面都有很多苦恼，倾听员工这些小秘密和真心话，会让员工很快将管理者当成知心好友。

30. 奖金不能一刀切。根据不同员工不同的工作能力和业绩，奖金要按绩效发放，绝对不能一刀切，人人平等。一刀切的方式会让落后的员工觉得混日子也不错，会打击突出员工的积极性。

31. 允许员工自己选择福利。针对不同员工的不同需求，管理者不妨在某个价位区间允许员工自己选择福利，让员工满意的福利才是真的福利，不要一意孤行，以免企业的钱花了，员工不满意。

32. 用金钱之外的东西满足员工的虚荣心。金钱可以满足员工的生活需求，但是为员工开个表彰大会之类的事情可以满足员工的虚荣心，让突出员工得到满足，让其他员工受到激励。

33. 在一定范围内给员工信任。疑人不用，用人不疑。管理者如果总是以怀疑的态度面对员工，员工的自尊心会受到伤害，对企业的归属感会下降，在工作上的积极性也会受到影响。

34. 管理者不要怕在员工面前出丑。在企业举办活动时，管理者不妨表演一些幽默诙谐的节目，不要害怕在员工面前出洋相。在员工面前出丑会拉近自己与员工之间的距离，给员工一种管理者也是和我们一样的普通人的感觉。

35. 管理者不能有特权思想，不能脱离群众。不少企业连在食堂和

卫生间方面都专门为管理者配备了专用的，这种行为无疑会将管理者和员工分隔成两个群体，不利于管理者与员工之间发展和谐的关系。

36. 公司有难，不妨告诉员工。公司有困难，不少管理者都会藏着掖着，避免让员工恐慌。其实这个时候不妨将事情告诉员工，哀兵必胜，让员工放手一搏、破釜沉舟，可以帮助企业顺利渡过难关。

37. 用表扬第三者的方式激励员工。员工往往都有好胜心，这种好胜心在面对与自己同样职位、同样资历的人时尤其强烈。要想激励一个员工，不妨当着他的面去表扬另外一个员工，激发他的好胜心，他工作起来自然会加倍努力。

38. 设定一个具有挑战性的目标。当员工的情绪进入了稳定期，工作能力无法进一步提高时，不妨为员工设定一个具有挑战性，但并非不可能完成的目标用来激励员工。员工接受挑战，完成任务，工作能力自然能更上一层楼。

39. 管理者要做到有的放矢。不少管理者在批评员工时往往张口就来，只考虑到员工有哪些错误，却没有想过员工如果反问“我什么时候那样做了”。如果管理者不能记住什么时候员工犯了什么错误，就会被员工用话堵住，难以服众。

40. 让员工自己说出想要的答案。在管理者面对员工时，有时候告诉员工答案不如让员工自己说出答案；要求员工做一件事情，不如以诱导的方式让员工自己揽下这件事情。员工对自己要求做的事情，做起来的主动性自然比管理者要求的要高。

41. 管理者的宽容不能没有代价。当管理者原谅员工的过错时，一定要让员工知道，不是因为你犯的错误小我就原谅你，而是因为我爱惜你这个人才，我希望你能做出成绩来。

42. 对员工的要求不能一步满足。员工有要求，管理者是要满

足，但是不能一步完成。如果一步就将员工的需要满足了，那么员工就会缺少动力。如果一次满足员工一部分，那么员工就会更有动力前进。但是如果一次只满足一点点，会让员工产生目标遥不可及的感觉，甚至放弃。

43. 解决问题比追究责任更重要。当企业出现问题，员工犯了错误时，不要死盯着那个犯错的员工不放，赶紧解决问题才是第一时间要做的。

44. 不能布置完任务就不管了。当管理者为员工布置完任务以后，一定要给予员工适当的帮助，甩手不管这种做法不仅会让员工完成任务变得十分困难，还会让员工觉得自己被忽视了，产生管理者不关心自己这样的想法。

45. 制定决策，管理者要第一个执行。以身作则是很重要的，尤其是企业制定了一些让员工觉得很严格的规定，这个时候管理者的以身作则可以让员工觉得管理者都严格要求自己了，那么身为员工自然也要配合。这样可以减少员工对新规定的抵触心理。